essentials

Essentials liefern aktuelles Wissen in konzentrierter Form. Die Essenz dessen, worauf es als „State-of-the-Art" in der gegenwärtigen Fachdiskussion oder in der Praxis ankommt. Essentials informieren schnell, unkompliziert und verständlich

- als Einführung in ein aktuelles Thema aus Ihrem Fachgebiet
- als Einstieg in ein für Sie noch unbekanntes Themenfeld
- als Einblick, um zum Thema mitreden zu können

Die Bücher in elektronischer und gedruckter Form bringen das Expertenwissen von Springer-Fachautoren kompakt zur Darstellung. Sie sind besonders für die Nutzung als eBook auf Tablet-PCs, eBook-Readern und Smartphones geeignet.

Essentials: Wissensbausteine aus den Wirtschafts, Sozial- und Geisteswissenschaften, aus Technik und Naturwissenschaften sowie aus Medizin, Psychologie und Gesundheitsberufen. Von renommierten Autoren aller Springer-Verlagsmarken.

Timothy Kaufmann

Geschäftsmodelle in Industrie 4.0 und dem Internet der Dinge

Der Weg vom Anspruch in die Wirklichkeit

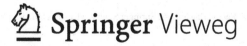

Timothy Kaufmann
Walldorf
Deutschland

ISSN 2197-6708   ISSN 2197-6716 (electronic)
essentials
ISBN 978-3-658-10271-5   ISBN 978-3-658-10272-2 (eBook)
DOI 10.1007/978-3-658-10272-2

Die Deutsche Nationalbibliothek verzeichnet diese Publikation in der Deutschen Nationalbibliografie;
detaillierte bibliografische Daten sind im Internet über http://dnb.d-nb.de abrufbar.

Gedruckt auf säurefreiem und chlorfrei gebleichtem Papier

Springer Fachmedien Wiesbaden ist Teil der Fachverlagsgruppe Springer Science+Business Media
(www.springer.com)

Danksagung

Dank gilt den folgenden Personen, die mich bei der Erstellung dieses Essentials unterstützt haben: Lars Bastian, Kay Jeschke, Falko Lameter, Jörg Lange, Martin Marx, Jan Regtmeier. Besonderer Dank gilt meinem Chef Martin Wölflick und Ramin Shariatmadari. Ganz besonderer Dank gilt meiner Frau und meinem Sohn für ihre sehr geduldige Unterstützung.

Timothy Kaufmann

Was Sie in diesem Essential finden

- Welches sind die wichtigen Kernkomponenten von Industrie 4.0 und wie erzeugen sie im Zusammenspiel den größten Nutzen?
- Was sind datenzentrierte Geschäftsmodelle und welche Chancen bietet Industrie 4.0 für die bestehenden und für neue Geschäftsmodelle?
- Was sind mögliche Anwendungsbeispiele?
- Wie sieht ein geeignetes Vorgehensmodell aus, um Industrie 4.0-Projekte erfolgreich durchzuführen?
- Wie sehen die Nutzenpotentiale von Industrie 4.0-Vorhaben aus?

Einleitung

Die Fachwelt spricht seit 2–3 Jahren über Industrie 4.0. und das Internet der Dinge. Die ersten Projekte betreffen häufig die Geschäftsmodelle der Unternehmen. In dieser Veröffentlichung wird untersucht, wie durch Industrie 4.0 und das Internet der Dinge bestehende Geschäftsmodelle abgerundet oder neue Geschäftsmodelle aufgebaut werden können. Es wird darüber hinaus ein optimales Vorgehen bei der Umsetzung von Industrie 4.0- und Internet der Dinge-Projekten beschrieben.

Industrie 4.0 und das Internet der Dinge für den industriellen Bereich weisen eine große Überlappung auf. Deshalb wird im Folgenden nur noch von Industrie 4.0 gesprochen, schließt aber das Internet der Dinge mit ein.

Abkürzungsverzeichnis

B2B	Business to Business
bspw.	beispielsweise
CNC	Computerized Numerical Control
ERP	Enterprise Resource Planning
E2O	Engineer to Order
i. d. R.	In der Regel
IoT	Internet of Things (dt.: Internet der Dinge)
IT	Information Technology
KPI	Key Performance Indicator
MES	Manufacturing Execution System
M2M	Machine to Machine
MTTR	Mean Time to Repair
OEM	Original Equipment Manufacturer
OT	Operations Technology
RFID	Radio Frequency Identification
ROI	Return on Investment
SLA	Service Level Agreement

Inhaltsverzeichnis

1 Industrie 4.0 – ein Überblick 1

2 Datenzentrierte Geschäftsmodelle 11

3 Umsetzung und Transformation 31

Zusammenfassung und Ausblick 47

Was Sie aus diesem Essential mitnehmen können 49

Anhang 51

Literatur 57

Industrie 4.0 – ein Überblick

1

Im folgenden Kapitel werden die zu Grunde liegenden Trends, die Definition und die Reife von Industrie 4.0 näher beleuchtet.

1.1 Blick in die Zukunft

Stellen Sie sich vor, Sie können sich bei einem namhaften deutschen Autobauer ein Auto, das persönlich auf Sie zugeschnitten ist, konfigurieren. Sie meinen, Sie können das heute schon? Stellen Sie sich vor, Sie sind wie der Autor 2,04 m groß und passen aufgrund der Sitzhöhe in die meisten gängigen Automodelle nicht hinein. Sie wählen beim Konfigurieren Ihres neuen PKWs also das Modell aus, den Motor mit der gewünschten Leistung und die Farbe der Karosserie. Dann geben sie an, dass die Sitzhöhe 20 cm tiefer gegenüber dem vorgesehenen Sitz sein soll. Farbe und Motorleistung sind gängige Konfigurationen. Der 20 cm niedrigere Sitz ist in der **vorgedachten Konstruktion** des Autobauers **nicht enthalten**.

Dieser Autobauer bekommt die Anfrage des Kunden aus dem Produkt-Konfigurator. Eine kundenspezifische Entwicklung (Engineer to Order-Prozess) wäre zu aufwendig und zu teuer für den Kunden. Deshalb muss diese Anfrage über den **Serienprozess** abgewickelt werden. Der Autobauer führt als erstes in Zusammenarbeit mit dem Sitzhersteller eine Engineeringsimulation des Sitzes mit 20 cm weniger Polsterung durch. Wenn diese positiv verläuft, ist eine Simulation der Gesamtkonstruktion erforderlich: Passen die Gurtstraffer und die Position der Airbags noch zu einem 20 cm niedrigeren Sitz? Wenn auch diese automatische Untersuchung erfolgversprechend verläuft, wird mit Hilfe der Produktionssimulation geprüft, ob die Werkzeuge für die Produktion geeignet sind, den Spezialsitz zu fertigen. Anschließend wird der Preis simuliert. Es wird ermittelt, was die Änderung kostet bzw. welcher Preis erzielt werden muss. Anhand von zusätzlichen

© Springer Fachmedien Wiesbaden 2015
T. Kaufmann, *Geschäftsmodelle in Industrie 4.0 und dem Internet der Dinge,*
essentials, DOI 10.1007/978-3-658-10272-2_1

mathematischen Simulationen lässt sich ermitteln, ob diese Ausstattung sich auch
an weitere Kunden verkaufen lässt. Kommt dann der Vertrag zwischen Autobauer
und Kunde zu Stande, legt der Autobauer einen Produktionstermin fest. Jetzt fließen die Auftragsdaten des individuellen Sitzes in die Produktionsplanung mit ein
und die spezifischen Konstruktionsänderungen des Sitzes werden beim Lieferanten bis an die Maschinensteuerung weitergegeben.

Sicherlich ist dieses Beispiel sehr visionär und liegt für den PKW-Bau vermutlich einige Jahre von heute in der Zukunft. Für den Bereich Nutzfahrzeuge
und andere Branchen bestehen die Anforderungen schon heute. Es veranschaulicht
einen **wichtigen Aspekt** von **Industrie 4.0** als deutsche Initiative: Um sich im
globalen Wettbewerb zu behaupten, soll das **Konzept** des **personalisierten Produktes** außerhalb einer vorgedachten Konfiguration die Wettbewerbsfähigkeit der
Fertigungsindustrie erhalten und ausbauen, siehe auch Abschn. 2.1.2.

1.2 Trends

Folgende wirtschaftliche und technische Trends spielen in Industrie 4.0 eine wesentliche Rolle:

- Digitalisierung
- Veränderung der Wertschöpfungsnetzwerke
- Individualisierung der Kundenanforderungen
- Veränderung von Geschäftsmodellen
- Eingebettete Systeme

Die **Digitalisierung** schreitet zweifelsfrei voran. Die Produkte bestehen längst
nicht mehr nur aus Hardware, gerade der Software-Anteil nimmt stark zu. Viele Produkte bekommen Steuerungen und Kommunikationsmodule, um mit der
Außenwelt zu kommunizieren. Die Anzahl mit dem Internet verbundener Geräte
steigt mit der Digitalisierung exponentiell an. Intel schätzt, dass bis zum Jahr 2020
die Anzahl der angeschlossenen Geräte, Anlagen und Maschinen (im Folgenden
wird nur noch von Maschinen gesprochen) auf 50 Mrd. ansteigt (Intel 2014). Im
Mittelpunkt dieses Trends steht dabei die **Nutzung der Daten**, die durch die **vernetzten Maschinen erzeugt** und die durch **Integration** in betriebswirtschaftliche
und technische Prozesse **eine Bedeutung bekommen**.

Schon seit vielen Jahren ist eine **Veränderung der Wertschöpfungsnetzwerke**
zu beobachten, vgl. Bach (2010). So verkaufen Zulieferer bspw. nicht nur Maschinen, sondern übernehmen auch die entsprechenden Prozesse (z. B. der Hersteller

von Lackieranlagen übernimmt den Lackierprozess des Herstellers). Durch neue technologische Möglichkeiten z. B. 3D-Druck können auch neue Marktteilnehmer entstehen, die ebenfalls bestehende Wertschöpfungsnetzwerke verändern. Die Kunden werden anspruchsvoller und haben immer spezifischere Kundenwünsche. Deshalb entwickelt sich ein Trend zu immer **individuelleren Produkten** (Berndt 2010). Bei vielen Produkten kann der Kunde sich aus zahlreichen Möglichkeiten seine individuelle Konfiguration erstellen. Der Trend geht aber noch weiter zum personalisierten Produkt außerhalb einer vorgedachten Konfiguration, vgl. Abschn. 1.1.

Die technischen Möglichkeiten und Trends bieten Chancen zu einer **Veränderung der Geschäftsmodelle.** Es entwickeln sich auch **neue Marktteilnehmer.** Damit entsteht Druck auf alteingesessene Unternehmen, ihr Geschäftsmodell zu überdenken und anzupassen. Die klassischen Heizungshersteller bspw. vertreiben ihre Heizungen über Handwerker, die den Kontakt zum Endkunden durch Wartung und Reparaturen halten. So bietet z. B. der Thermostathersteller Nest einen neuartigen internetfähigen Thermostaten an, der Daten der Endkunden sammelt und an eine Cloud überträgt. Aus den Daten lassen sich Endnutzerverhalten und Einsparpotenziale für den Kunden ableiten. Mit den Informationen verbessert Nest die Produkte und bietet spezifische Services für die Endkunden an. Die klassischen Heizungshersteller besitzen diese Daten bzw. Informationen nicht und können demzufolge Services wie Benchmarks oder Energieberatung auf Basis von automatischen Daten nicht anbieten.

Viele technische Geräte benötigen heute **eingebettete Systeme.** Laut Berns et al. (2010) sind eingebettete Systeme „durch das Zusammenspiel zwischen Mechanik, Software und Hardware geprägt. Erst das effektive Zusammenspiel zwischen Sensoren, Aktuatoren und der Software, die auf Mikrokontrollern oder spezieller Hardware ausgeliefert wird, ermöglicht die Realisierung der heute verfügbaren komplexen Funktionalitäten". Gerade durch das Internet der Dinge werden die eingebetteten Systeme eine stärkere Rolle spielen, da immer mehr Funktionen in die Produkte und Maschinen eingebaut werden, die Rechenleistung und damit Hardware und Software benötigen (Broy 2010).

1.3 Industrie 4.0

Im Folgenden werden die Definition von Industrie 4.0, die zugrundeliegenden Komponenten (Technologien) und der Reifegrad dieser Technologien näher beleuchtet.

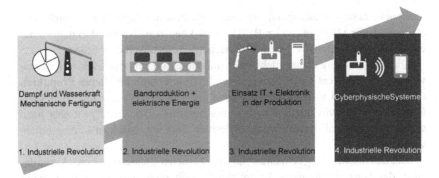

Dampf und Wasserkraft
Mechanische Fertigung

Bandproduktion +
elektrische Energie

Einsatz IT + Elektronik
in der Produktion

CyberphysischeSysteme

1. Industrielle Revolution   2. Industrielle Revolution   3. Industrielle Revolution   4. Industrielle Revolution

Abb. 1.1 Stufen der industriellen Revolution

1.3.1 Definition von Industrie 4.0

Industrie 4.0 steht für **die 4. Industrielle Revolution**, die durch die Deutsche Industrie 4.0-Initiative gefördert werden soll (Abb. 1.1). Die **1. industrielle Revolution** ist geprägt durch die Einführung der **Wasser-** und **Dampfkraft** zur Unterstützung der **mechanischen Produktion**. Das Charakteristikum der **2.** ist die **Band-** und **Massenproduktion** durch die Nutzung elektrischer Energie. Die **3. Revolution** zeichnet sich durch die Nutzung von **IT** und **Elektronik** zur Automatisierung der **Produktion** aus.

Industrie 4.0 wurde als Zukunftsprojekt von der Akademie der Wissenschaften (acatech), zusammen mit den Verbänden VDMA, ZVEI und BITKOM, mit Teilnehmern aus diversen Forschungseinrichtungen, Universitäten und namhafter Unternehmen der deutschen Industrie konzipiert. Ziel der 2011 gestarteten „Deutschen Initiative" ist es, die **Wettbewerbsfähigkeit** des Standorts Deutschland **zu stärken**.

In Industrie 4.0 suchen die Werkstücke in der Produktion selbstständig den schnellsten Weg durch die Werkhalle zur Maschine, rüsten sich die Maschinen automatisch durch Informationen des Werkstücks um, bestellen automatisch Ersatzteile. Wenn ein Fehler an der Maschine in der Zukunft prognostiziert wird, nimmt die Maschine eine Umplanung der Produktion vor etc.

Industrie 4.0 betrifft wesentliche Wertschöpfungsprozesse innerhalb und außerhalb des Unternehmens:

• Entwicklung
• Logistik
• Produktion
• Service

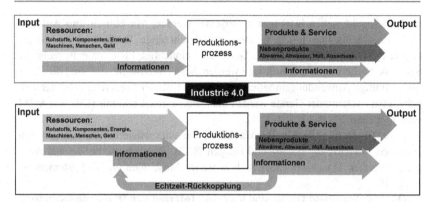

Abb. 1.2 Industrie 4.0 Informationsmodell im Produktionsprozess. (Mit freundlicher Genehmigung von Christian Kuhn)

Da der **Service** mit den **intelligenten Produkten** eng zusammenspielt, wird er in dieser Veröffentlichung als Teil von Industrie 4.0 betrachtet, siehe Abschn. 2.1.1.

Das Besondere an Industrie 4.0 sind die Maschinendaten und die Nutzung dieser Daten. In der Zeit **vor Industrie 4.0** flossen die **Informationen in** einen **Prozess** (z. B. den Produktionsprozess) hinein, wurden verarbeitet und an die nachgelagerten Prozesse weitergegeben. In Industrie 4.0 werden die Informationen, die in den nachgelagerten Prozessen anfallen, verwendet, um **aktiv in** der **Gegenwart Prozesse** zu **steuern** und zu beeinflussen (siehe Abb. 1.2). Die Abbildung zeigt das am Beispiel des Fertigungsprozesses. Das Konzept lässt sich auch auf die aktive Steuerung anderer Prozesse, z. B. Logistik anwenden.

1.3.2 Komponenten von Industrie 4.0

Im folgenden Abschnitt werden die technischen Komponenten von Industrie 4.0 beschrieben. Diese sind für das Verständnis von Industrie 4.0 und die möglichen Geschäftsmodelle erforderlich und werden im Folgenden detailliert:

- Intelligente Maschinen/Geräte/Werkstücke
- Machine-to-Machine Kommunikation (M2M)
- Internet der Dinge
- Big->Smart Data
- Selbstlernende Systeme
- Augmented Reality

Im Mittelpunkt stehen **intelligente Objekte, Geräte, Maschinen und Anlagen** (z. B. Produktionsmaschinen, Windräder, Nutzfahrzeuge, Werkstücke etc.), sogenannte **cyber-physische Systeme**. Durch eine eindeutige Identität, entsprechende Sensorik, Steuerungen und Software werden diese „intelligent" und sind die Basis für vielfältige Anwendungsmöglichkeiten. Mit Hilfe der Steuerung oder der eingebetteten Systeme der Geräte werden die Daten erzeugt und mit Hilfe von M2M weitergegeben.

„**M2M** steht für ‚**Machine-to-Machine**‘, den automatisierten **Datenaustausch** zwischen **Maschinen**" (Glanz und Büsgen 2013). Damit wird die Datenübertragung zwischen Maschinen, aber auch zwischen Maschinen und IT-Systemen bezeichnet.

Die Maschinen und Geräte sind über das „**Internet der Dinge**" angeschlossen und können darüber überwacht und gesteuert werden. Das Internet der Dinge beschreibt eine globale Netzwerkinfrastruktur, an die Maschinen und Geräte angeschlossen werden.

In Anlagen und Maschinen, vernetzten Fahrzeugen etc. können viele hundert oder mehr Sensoren, die Daten übertragen, verbaut sein. Je nach Häufigkeit der Übertragung (abhängig vom Anwendungsfall z. B. Minute oder Sekunde) entstehen schnell sehr große Datenmengen (**Big Data**). Durch die Anwendung von Algorithmen können bspw. Fehlermuster und daraus Vorhersagemodelle abgeleitet werden. Die Daten müssen also eine Bedeutung bekommen, nur dann stellen sie für Auswertungen und die Weiterverarbeitung einen Mehrwert dar. Deshalb spricht man auch von **Smart Data** (Acatech 2014, S. 19). Im Beispiel des Autokonfigurationsbeispiels aus Abschn. 1.1 führt das Zusammenspiel von mehreren Datentöpfen (Entwicklungsdaten, Produktionsdaten, Preisdaten, Werkzeugdaten, Absatzdaten) zur Entscheidung, ob der Hersteller die Sonderausstattung zu einem für den Kunden akzeptablen Preis produzieren kann.

Selbstlernende Systeme sind Systeme, die selbstständig Zusammenhänge erkennen und damit die Prozesse unterstützen (Bauernhansel et al. 2014, S. 174). Das sind bspw. selbstlernende Assistenzsysteme, die aus Sensorauffälligkeiten Rückschlüsse auf die Ursache treffen können.

Nach Oehme ist **Augmented Reality** eine „Anreicherung der realen Welt mit Zusatzinformationen in Form von virtuellen Daten, welche in Abhängigkeit zu der betrachteten Realität situationsgerecht dargestellt werden." (Kloos et al. 2011, S. 11)

Datenbrillen sind das bekannteste Beispiel. Daten werden in der Brille angezeigt. Oft ist auch eine Kamera eingebaut, so dass abhängig von der Blickrichtung kontextsensitive Daten angezeigt werden können.

Beispiel

Ein Service-Techniker schaut durch eine Datenbrille auf eine zu reparierende Anlage und wird interaktiv durch Anweisungen auf der Brille durch die Anlage bis zum zu reparierenden Bauteil geleitet. Dort bekommt der Techniker die Reparaturanleitung graphisch eingeblendet, welche Bauteile in welcher Reihenfolge wie auszutauschen sind.

Die in Industrie 4.0 verwendeten Technologien und Komponenten sind einzeln betrachtet oft nicht neu. Das Besondere ist das Zusammenspiel dieser Technologien.

1.3.3   Das Industrie 4.0-Modell

Eines der zentralen Konzepte von Industrie 4.0 ist die Unterstützung der horizontalen Wertschöpfungskette bestehend aus Lieferanten, Herstellern, Händlern und Kunden, siehe Kagermann et al. (2013). Auch neue Marktteilnehmer sind bei der Betrachtung eines Industrie 4.0-Geschäftsmodells relevant.

Der **Kunde** und die zu lösende Aufgabenstellung stehen im Mittelpunkt eines solchen Modells. Durch **innovative Hersteller** entstehen oft aber erst auch ganz **neue Bedürfnisse**. Für den **Hersteller** spielt es eine entscheidende Rolle, wie er sein Geschäft rund um seine **Produkte und Services** aufbaut und wie er die **Lieferanten und Händler** in der **Wertschöpfungskette** beteiligt. Die **Lieferanten** wollen häufig selbst **Daten-Services** für ihre angeschlossenen Komponenten beim Endkunden anbieten. Das ist vor allem im Zusammenspiel mit dem Hersteller sinnvoll. Ohne die **Beteiligung des Händlers** oder Servicepartners (sofern der Vertrieb und Service über Händler und Servicepartner abgewickelt wird) kann ein Industrie 4.0-Modell ebenfalls nicht erfolgreich funktionieren. Durch Industrie 4.0 können neue **Marktteilnehmer** entstehen und Einfluss auf die Wertschöpfungskette nehmen (siehe Nest in Abschn. 1.2).

Industrie 4.0 lässt sich in vier Ebenen einteilen:

- Feld
- Daten
- Prozess und Wertschöpfung
- Geschäftsmodell

Die einzelnen Ebenen (Abb. 1.3) bauen aufeinander auf (Feld → Daten → Prozesse → Geschäftsmodelle). Die unterste Ebene ist die **Feld- oder Geräteebene**. Die Maschinen, Anlagen und Produkte des Kunden werden mit Hilfe von M2M-Tech-

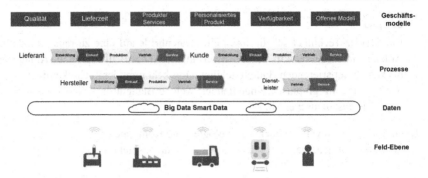

Abb. 1.3 Industrie 4.0-Ebenen-Modell

nologien angeschlossen. Es entstehen große **Datenmengen** („**Big-Data**"). Diese müssen so abgelegt werden, dass die Integration in die **Wertschöpfungskette** von **Lieferanten, Herstellern** und **Händlern** und damit in die betriebswirtschaftlichen Prozesse performant gelingt, um den Mehrwert zu heben. Erst dann werden die **Geschäftsmodelle beeinflusst** (z. B. Verkürzung Lieferzeit, Abschn. 2.2.1) oder können **neue Geschäftsmodelle** z. B. Verfügbarkeit on Demand auf Basis dieser Daten und Prozesse abgebildet werden, siehe auch Abschn. 2.1.4.

> **Beispiel aus der Maschinenüberwachung**
>
> Wenn an mehreren Sensoren zusammen eine Auffälligkeit (Anomalie) oder ein Fehlermuster auftritt, dann bekommt die Anomalie erst die richtige Bedeutung, wenn die Maschinenstruktur spezifisch für die Anlage inkl. Stücklistenstrukturen, 3-D Geometrien, Artikelnummern automatisch ohne Fehlerquellen durch manuelle Prozesse abgeleitet werden kann. Viele Firmen sammeln Sensor- und Maschinendaten. Sie haben aber genau bei der maschinellen Interpretation der Daten Schwierigkeiten und verbauen sich damit Chancen für die Geschäftsmodelle. Deshalb ist die **Integration** in die **betrieblichen Prozesse** so wichtig.

1.3.4 Reife von Industrie 4.0

Der Gartner **Hype Cycle Report** beschreibt die Wahrnehmung und **Einschätzung** von **neuen Technologien** am **Markt**. Er hilft Unternehmen bei der Beurteilung der Reife von Technologien und bei der Auswahlentscheidung, welche Technologie eingesetzt werden soll. Der Cycle beschreibt, wie sich Technologien von einem ersten Hype bis zur etablierten Technologie im Markt entwickeln.

Folgendes Muster wird bei der Einführung von neuen Technologien beobachtet: Am Anfang einer Technologie entsteht ein großer „Hype" und **hohe Erwartungen** an diese Technologie werden geweckt. Sobald die ersten realen Anwendungsfälle umgesetzt sind, schwindet häufig die positive Wahrnehmung. Erst wenn die Technologie verbessert wird und die „Kinderkrankheiten" beseitigt werden, steigt das **Vertrauen in die Technologie**, bis sie sich endgültig am Markt etabliert.

Bei Betrachtung des „Gartner Hype Cycle 2014" für „Emerging Technologies" (siehe Abb. 1.4), lässt sich erkennen, dass wesentliche **Komponenten von Industrie 4.0** (Internet der Dinge, Wearables, Big Data, Augmented Reality, Machine-to-Machine Communication (M2M)) den ersten „Hype" gerade erreichen bzw. bereits überschritten haben. Damit sind Kern-Technologien von Industrie 4.0 noch nicht ausgereift. Diese Tatsache sollte bei Geschäftsmodellen auf Basis von Industrie 4.0 berücksichtigt werden. Das betrifft vor allem die wirtschaftlichen Ziele, vgl. Abschn. 3.5.

Industrie 4.0 als Initiative ist im Hype Cycle nicht erwähnt. Allerdings wird auch **Industrie 4.0** einen **Hype Cycle durchlaufen**. Momentan ist das Thema im Aufwind und der Höhepunkt des ersten Hypes ist vermutlich bald erreicht. Es ist

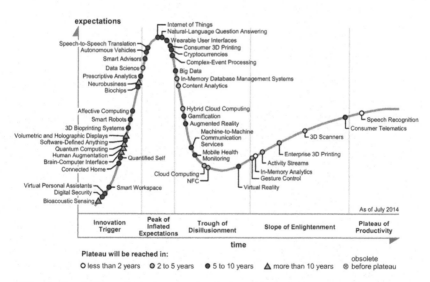

Abb. 1.4 Gartner Hype Cycle für Emerging Technologies, 2014. (Mit freundlicher Genehmigung von Gartner)

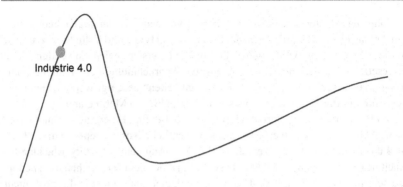

Abb. 1.5 Einordnung Industrie 4.0 im Hype Cycle im Jahr 2015

zu erwarten, dass nach ersten Projekten und Enttäuschungen eine Ernüchterung eintritt und das Thema eine Weile an Wichtigkeit verliert, bevor es sich endgültig durchsetzt (Abb. 1.5).

Datenzentrierte Geschäftsmodelle 2

In Kap. 1 wurde erläutert, dass sich in Industrie 4.0 alles um Daten dreht und die Verknüpfung von Maschinendaten mit den betrieblichen Daten. In diesem Kapitel wird untersucht, welche Chancen diese Daten für die Geschäftsmodelle der Unternehmen bieten.

Gassmann et al. (2013) beschreiben ein Geschäftsmodell mit 4 Dimensionen:

- Der Kunde – **Wer** sind unsere Zielkunden?
- Das Nutzenversprechen – **Was** bieten wir den Kunden an?
- Die Wertschöpfungskette – **Wie** stellen wir die Leistung her?
- Die Ertragsmechanik – **Wie** wird Wert erzielt?

Der Kunde ist die Basis für jedes Geschäftsmodell. Deshalb ist es wichtig, die anzusprechenden Kundensegmente und Kundengruppen genau zu definieren.

Das **Nutzenversprechen** beschreibt das Angebot des Unternehmens an den Kunden, um die Kundenanforderungen mit Produkten und Dienstleistungen zu erfüllen.

Die **Wertschöpfungskette** beschreibt die Prozesse und Aktivitäten, die ein Unternehmen benötigt, um das Nutzenversprechen zu erfüllen.

Mit **Ertragsmechanik** sind die Umsätze und Kosten und die daraus zu erzielenden Erträge gemeint.

Bei der Betrachtung von Industrie 4.0-Geschäftsmodellen (Abb. 2.1) sieht der Autor folgende Kategorien:

- Geschäftsmodell-Innovation auf Basis existierender Modelle
- Veränderung bestehender Geschäftsmodelle
- Neu zu definierende Geschäftsmodelle

© Springer Fachmedien Wiesbaden 2015
T. Kaufmann, *Geschäftsmodelle in Industrie 4.0 und dem Internet der Dinge,*
essentials, DOI 10.1007/978-3-658-10272-2_2

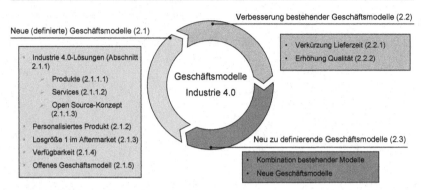

Abb. 2.1 Überblick Geschäftsmodelle

Geschäftsmodell-Innovationen auf Basis **existierender Modelle** zeichnen sich dadurch aus, dass sie schon in anderen Branchen vorgedacht wurden. Sie sind aber für das Unternehmen neu (z. B. der personalisierte Turnschuh von Nike, der auf eine andere Branche übertragen wird, siehe auch Abschn. 2.1.2).

Veränderung bestehender Geschäftsmodelle durch Industrie 4.0-Technologien bedeutet mindestens eine der Geschäftsmodell-Dimensionen von Gassmann zu verändern.

Neu zu definierende Geschäftsmodelle sind Modelle, die noch nicht erfunden wurden.

Verschiedene mögliche Geschäftsmodelle zu den einzelnen Kategorien in den Prozessen Entwicklung, Logistik, Produktion und Service werden in den nächsten Abschnitten erläutert. Die Liste erhebt keinen Anspruch auf Vollständigkeit. Die beschriebenen Beispiele sollen anregen, eigene für das Unternehmen relevante Anwendungsfälle zu entwickeln.

2.1   Ansätze für Neue (definierte) Geschäftsmodelle

Im Folgenden werden Geschäftsmodelle beschrieben, die schon umgesetzt wurden, die aber für die Branche oder für das eigene Unternehmen neu sind.

2.1.1   Industrie 4.0-Lösungen

Viele produzierende Unternehmen entwickeln sich vom Produkt- zum Lösungsanbieter. Das Servicegeschäft bekommt damit eine deutlich größere Bedeutung.

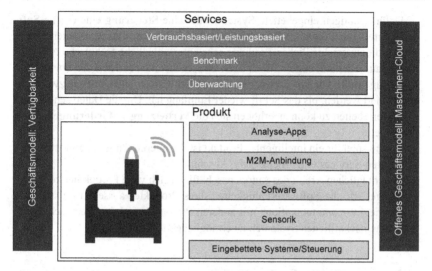

Abb. 2.2 Lösungsmodell

Kagermann hat diese Wandlung schon 2006 vorhergesagt: „Lösungs- statt Produktangebot, neue Wege zum Kunden, enge Anbindung der Kunden, Ecosystem ... und schnelle Transformation prägen die Geschäftsmodelle ..." (Kagermann et al. 2006, S. 16).

In der folgenden Abb. 2.2 wird beschrieben, wie eine Industrie 4.0-Lösung aus intelligenten Produkten und Services, die Industrie 4.0-Technologien nutzen, aussehen kann. Diese können zu neuen Geschäftsmodellen erweitert werden, z. B. Verfügbarkeit Abschn. 2.1.4 oder Offenes Geschäftsmodell Abschn. 2.1.5.

In den folgenden beiden Abschnitten werden Intelligente Produkte und Services näher beschrieben.

2.1.1.1 Intelligente Produkte

Intelligente Produkte werden in Industrie 4.0 „cyber-physische Systeme" genannt (Kagermann et al. 2013). „**Ein cyber-physisches System** (CPS) bezeichnet den Verbund informatischer, softwaretechnischer Komponenten mit mechanischen und elektronischen Teilen, die über eine Dateninfrastruktur, wie z. B. das Internet, kommunizieren" (Aichele und Doleski 2014, S. 509).

Eine Maschine meldet bspw. mit Hilfe von **Sensoren** einen zukünftigen Fehler. Sie bestellt automatisch das benötigte Ersatzteil. Auch Magazine oder Lagerorte zeigen mit Hilfe von Sensoren an, wenn sie einen bestimmten Füllstand unterschreiten und stoßen einen entsprechenden Bestellvorgang im ERP-System an.

Dafür benötigen eingebettete Systeme oder eine **Steuerung** eine eigene **Software-Intelligenz**, um u. a. die entsprechenden Sensordaten zu verarbeiten. Dabei weisen die unterschiedlichen Produkte sehr unterschiedliche technische Anforderungen auf. Baufahrzeuge müssen z. B. entsprechende Geodaten zur Standortbestimmung senden können. Daten, die z. B. auf Schiffen anfallen, müssen zwischengespeichert werden, bis das Schiff wieder Empfang hat. Um die Daten senden und weiterverarbeiten zu können, erhöhen sich die **Vernetzungsanforderungen** an die Produkte.

Ein Beispiel für ein intelligentes Produkt ist der internetfähige Thermostat, welcher Daten-Services ermöglicht, siehe Abschn. 2.1.1.2.

In der täglichen Arbeit des Autors beschäftigen sich viele Produkthersteller mit der Frage, wie die Software-Fähigkeiten ihres Produktes aussehen müssen, um „Industrie 4.0-Kommunikation" mit anderen Produkten und den technischen und betriebswirtschaftlichen Systemen zu ermöglichen.

Auswirkung auf das Geschäftsmodell

Im Folgenden werden die Geschäftsmodell-Dimensionen nach Gassmann et al. (2014) untersucht.

Kunden:

Ziel ist es, neue Kunden speziell für die Vernetzung zu gewinnen.

Nutzenversprechen:

Ein neues, intelligentes Produkt alleine begründet noch kein neues Geschäftsmodell. Erst durch das Zusammenspiel mit den entsprechenden Daten getriebenen Services (vgl. Abschn. 2.1.1.2) kann der entsprechende Nutzen für den Kunden (z. B. Reduzierung der Stillstandszeiten) verbessert werden.

Wertschöpfungskette:

Veränderte Rohstoffe oder Materialien können zu anderen Fertigungsprozessen und damit zu einer Änderung der Wertschöpfungskette führen.

Ertragsmechanik:

Ziel ist es, durch das neue Produkt höhere Preise durchzusetzen und durch die Gewinnung von neuen Kundensegmenten die Umsätze zu erhöhen.

Fazit:

Das intelligente Produkt an sich kann durch die Gewinnung von neuen Kundensegmenten und im Zusammenspiel mit Intelligenten Services das Geschäftsmodell positiv beeinflussen und zusammen mit Prozessverbesserungen, z. B. schnellerer Fertigung, auch ein neues Geschäftsmodell begründen.

2.1.1.2 Intelligente Services

Durch die Anschlussfähigkeit der Produkte an das Internet und die Verfügbarkeit von Maschinen- und Sensordaten sind ganz neue Arten von Services (Abb. 2.3) möglich. Hier ein Überblick:

- Benchmarks
- Verbrauchsbasierte Abrechnung
- Leistungsbasierte Abrechnung
- Mehrwertdienste

Benchmarks sind Vergleiche von Produkten, Dienstleistungen und Prozessen von verschiedenen Kunden. Im Rahmen von Industrie 4.0 sind aber auch Nutzungsvergleiche möglich, z. B. der Energieverbrauch, die Reparaturanfälligkeit, der Ersatzteilbedarf einer Produktionsanlage etc.

Bei **Verbrauchsbasierter Abrechnung** wird nach **Nutzung abgerechnet**: z. B. nach Kubikmeter Druckluft, nach Pumpleistung, nach Stunde Fahrzeugnutzung etc.

Bei **Leistungsbasierter Abrechnung** spielt die **Art**, wie eine **Nutzung** erfolgt, eine Rolle. Hier gibt es Beispiele aus Connected Car. Mit Hilfe von Sensoren in den Fahrzeugen kann ermittelt werden, wie jemand das Auto nutzt, ob jemand immer mit dem vorschriftsmäßigen Reifendruck fährt oder wie stark er beschleunigt und abbremst. Unsachgemäßer Betrieb führt zu einer größeren Abnutzung des Fahrzeugs. Demnach können Abrechnungsmodelle von Leasingfirmen und Flottenbetreibern genau darauf abzielen, bei **stärkerer Abnutzung höhere Preise** zu

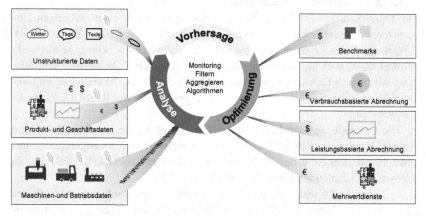

Abb. 2.3 Zusammenhang Daten, Analyseverfahren und Services

verlangen und bei ordnungsgemäßem Gebrauch entsprechend Abschläge zu gewähren. Das Konzept lässt sich u. U. auch auf Maschinen übertragen. **Mehrwertdienste** bauen auf den anfallenden Daten auf. Mögliche Services sind bspw. die Optimierung der Baustellen-Logistik als kostenpflichtigen Service für den Baukonzern, der dadurch Verzögerungen auf der Baustelle vermeidet und Kosten einspart. Basis ist die Bereitstellung der entsprechenden Daten und die dazugehörige Aufbereitung mit Datenanalysemethoden und Vorhersagen mit Hilfe von mathematischen Modellen und Optimierungsmodellen.

Auswirkung auf das Geschäftsmodell

Kunden:
Durch spezifische Datenservices können neue Kunden gewonnen werden.
Nutzenversprechen:
Datenservices können die Nutzung und die Verfügbarkeit der Produkte erhöhen.
Wertschöpfungskette:
Die Überwachung von Maschinendaten kann zu verbesserten Entwicklungs-, Produktions- und Service-Prozessen im eigenen Unternehmen führen.
Ertragsmechanik:
Daten-Services und neue Kunden führen zu zusätzlichen Umsätzen.
Fazit:
Entsprechende Datenbasierte Services können alle vier Kategorien beeinflussen und damit neue Geschäftsmodelle begründen oder bestehende nachhaltig verändern.

2.1.1.3 Open Source-Konzept

Bei Open Source wird die Produktentwicklung nicht von einem einzelnen Unternehmen, sondern einer Community getragen (Gassmann et al. 2014, S. 184). Ursprünge dieses Konzeptes kommen aus der Softwareentwicklung. Mittlerweile wird es bspw. auch auf Hardware angewendet. Die eigentliche Entwicklungsleistung wird durch Entwickler der Community durchgeführt, die freiwillig und unentgeltlich „mitentwickeln". Dadurch verringern sich in der Regel die Entwicklungszyklen.

Die Geschäftsidee von Local Motors basiert auf diesem Konzept. Es ist eine Entwicklungscommunity für Fahrzeuge, die gemeinsam an Fahrzeugprojekten entwickelt und auch ein erstes auf Basis von Open Source entwickeltes Fahrzeug in kleinen Stückzahlen produziert (Local Motors 2015).

In Industrie 4.0 und dem Internet der Dinge werden Hardware und Software (z. B. IoT-Plattformen) auf Basis von Open Source entwickelt. Es bleibt abzuwarten, inwieweit dieses Konzept sich durch Industrie 4.0 in Deutschland weiter verbreitet. Bei Local Motors bspw. wird auch ein „Connected Car Project (Internet of Things)" verfolgt, ein Beispiel für eine Internet der Dinge- Anwendung, die über die Community entwickelt wird. Oft ist Open Source eine von mehreren Bausteinen in einem Geschäftsmodell.

Auswirkung auf das Geschäftsmodell

Kunden:
Open Source-Produkte und -Lösungen sind häufig günstiger als konventionelle Produkte. Das spricht zusätzliche Kunden an.

Nutzenversprechen:
Open Source-Produkte sind häufig günstiger, weil Komponenten (insbesondere Software) kostenlos sind. Das Produkt wird durch die Community ständig verbessert und ist nicht von Entwicklungszyklen des Unternehmens abhängig. Durch die Community ist eine Herstellerneutralität gegeben.

Wertschöpfungskette:
Die Wertschöpfungsprozesse verändern sich insbesondere in der Entwicklung, da die Community an der Lösung mitentwickelt und sich die entsprechenden Entwicklungszeiten gegenüber klassischen Entwicklungsprozessen im eigenen Unternehmen deutlich verkürzen.

Ertragsmechanik:
Open Source Basis-Produkte im Software-Bereich sind kostenlos. Umsatzströme basieren auf weiterentwickelten Versionen oder Dienstleistungen auf Basis dieser Produkte.

Fazit:
Open Source ist ein interessantes Geschäftsmodellmuster für Industrie 4.0. Allerdings ist entscheidend, wie die Gesamtlösung aus Produkt und Dienstleistung aussieht.

2.1.2 Personalisiertes Produkt

Es ist ein zu beobachtender Trend, dass Produkte immer individueller werden (Lindemann et al. 2006). Ein gutes Beispiel dafür ist die deutsche Automobilindustrie. Während es vor 20 bis 30 Jahren bei einem typischen deutschen Autobauer nur wenige Modelle gab, nehmen die Anzahl der Baureihen und Segmente und damit auch die Variantenvielfalt über die Jahre immer weiter zu. Der Trend geht noch weiter zum individuellen Produkt außerhalb der vorgedachten Konfiguration.

In der Lebensmittelindustrie gibt es Beispiele für Müsli und Schokolade. So kann man sich sein eigenes Müsli aus fest vorgegebenen Zutaten auswählen und das Mischungsverhältnis individuell bestimmen. Insgesamt ist das Müsli teurer als ein herkömmliches Müsli aus dem Supermarkt.

Es ist eine der Kernideen der Industrie 4.0-Initiative, das personalisierte Produkt individuell in der Serienproduktion zu fertigen. Dafür soll die Produktion so flexibilisiert werden, dass die individuelle Konfiguration automatisch durch den Produktionsplanungsprozess bis an die Maschinensteuerung durchgereicht wird. Die Maschine konfiguriert sich zur Laufzeit um, so dass der individuelle Auftrag abgewickelt werden kann. Gerade die Individualität soll dem Fertigungsstandort Deutschland einen Wettbewerbsvorteil verschaffen, vgl. Bauernhansl et al. (2014). Das individualisierte Auto aus Abschn. 1.1 ist Zukunftsmusik, es gibt aber bereits erste Anwendungen aus der Industrie.

Beispiel

Ein Steckerhersteller liefert Stecker für Züge mit Kleinstserien von ein bis zehn Stück. Jeder Auftrag ist so individuell, dass nicht alle Konfigurationsmöglichkeiten im Vorfeld vorgedacht werden können. Ein klassischer Engineer-to-Order-Prozess wäre nicht profitabel. Deshalb muss der Prozess von der Auftragsannahme über die Simulation bis zur Fertigung an der Maschine automatisiert werden, um ihn im Serienprozess abzuwickeln (Abb. 2.4).

Entscheidend bei der Umsetzung eines solchen Konzeptes sind die Integration aller Prozesse und die Reduzierung manueller Schritte. Die Produktkonfiguration wird am Konfigurator entwickelt. Sie wird an die Entwicklungssimulation übergeben. Dabei ist wichtig, dass im Anschluss an die Konfiguration die Entwicklungsdaten verfügbar sind und in die Simulationstools eingespielt werden können. Die Übergabe der Daten von der Entwicklungssimulation an die Produktionssimulation erfordert eine hohe Stammdatenintegration.

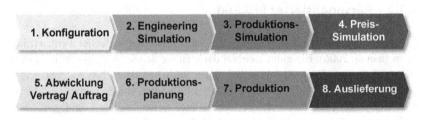

Abb. 2.4 Prozess für Personalisiertes Produkt

Auswirkung auf das Geschäftsmodell

Kunden:
Ganz neue Kundengruppen mit individuellen Kundenwünschen können angesprochen werden.

Nutzenversprechen:
Durch die Individualität des Produktes werden individuelle Kundenanforderungen erfüllt, damit erhöht sich die Kundenbindung.

Wertschöpfungskette:
Die Prozesskette muss stark automatisiert werden, um das Produkt im Serienprozess zu vertretbaren Kosten zu fertigen.

Ertragsmechanik:
Durch individuellere Produkte werden höhere Preise erzielt.

Fazit:
Für viele Unternehmen ist das personalisierte Produkt ein neues Geschäftsmodell.

Eine interessante Initiative, die den Trend der Individualität unterstützt, ist die **Maker Initiative** in USA. Sie geht davon aus, dass kleine flexible Unternehmen besser auf **individuelle Kundenanforderungen** reagieren können als große Konzerne. Sie fertigen kleinste Losgrößen und sind dabei profitabel. Kunden können individuelle Entwürfe mit 3D-Technologien selber entwerfen und diese dann von kleinen Firmen individuell herstellen lassen. Unterstützende Technologien sind 3D-Laserscan, die CNC-Maschine, der Lasercutter und der 3D-Drucker. Die amerikanische Initiative ist **unabhängig** von **Industrie 4.0** entstanden (Anderson 2013, S. 96 ff.).

2.1.3   Losgröße 1 im Aftermarket

Losgröße 1 hat im Aftermarket einen wichtigen Einsatzbereich. Während das klassische Produktgeschäft oft durch Preiskämpfe und niedrige Margen geprägt ist, verdienen die Firmen häufig an Ersatzteilen und Dienstleistungen. Ersatzteile müssen i. d. R. kurzfristig verfügbar sein. Wenn eine Produktionsmaschine oder ein Baufahrzeug bspw. ungeplant ausfallen, drohen Umsatzausfälle. Da die Variantenkomplexität der Produkte generell größer wird, nimmt auch die Komplexität im Ersatzteilgeschäft zu. Heute wird dieses Problem häufig mit hohen Lagerbeständen gelöst. Dies führt zu einer hohen Kapitalbindung. Gerade die Lieferbarkeit von Ersatzteilen von alten Produkten führt zu hohen Kosten, weil Daten, Werkzeuge, Produktionsmaschinen etc. vorgehalten werden müssen. Dabei werden Ersatzteile häufig zehn Jahre, manchmal sogar deutlich länger angeboten. Deshalb sind Konzepte erforderlich, um das Ersatzteilgeschäft zu optimieren. Industrie 4.0 kann dabei helfen.

Eine Optimierung kann durch die Überwachung von Maschinen und Anlagen und die Vorhersage von Ausfällen in der Zukunft, um die Lagerbestände zu reduzieren, erreicht werden, siehe Abschn. 2.1.4.

Ein weiterer Ansatzpunkt ist die Anwendung der 3D-Druck-Technologie. Sie entwickelt sich rasant. Schon heute können komplexe Teile mit Hilfe von 3D-Druck hergestellt werden. Die Anwendungsgebiete erweitern sich ständig.

Der **Händler** erstellt mit einem 3D-Drucker individuell die Ersatzteile des Herstellers. Dadurch kann der Händler wiederum seine eigenen Lagerbestände reduzieren und kann die Kunden schneller bedienen.

Denkbar ist auch, dass der **Endkunde** sich die Teile auf **Lizenzbasis** selber drucken kann. Dann erspart er sich bspw. für ein Baufahrzeug den Weg zum Händler. Das reduziert die Ausfallzeiten erheblich.

Auswirkung auf das Geschäftsmodell

Kunden:
Durch ein individuelles Ersatzteilkonzept können neue Kunden, die diesen Ersatzteil-Service in Anspruch nehmen möchten, angesprochen werden.

Nutzenversprechen:
Für den Nutzer einer Anlage oder Maschine verkürzt sich die Ausfallzeit, wenn er die Ersatzteile selber drucken kann und nicht auf Ersatzteillieferung oder Technikereinsatz warten muss.

Wertschöpfungskette:
Durch 3D-Druck wird der Ersatzteilprozess von der Beschaffung bis zum Einbau verändert.

Ertragsmechanik:
Für schneller verfügbare Ersatzteile können höhere Preise verlangt werden, da Ausfallzeiten und Umsatzausfälle reduziert werden.

Fazit:
3D-Druck kann im Ersatzteilgeschäft gut eingesetzt werden. Gerade in USA gibt es schon neue Geschäftsmodelle und Marktplätze, die sich auf die Abwicklung von 3D-Druck spezialisieren (z. B. shapeways).

2.1.4 Verfügbarkeit on Demand

Ein Kunde kauft ein Produkt, z. B. eine Maschine, um es genau dann möglichst effizient und störungsfrei einzusetzen, wenn er es benötigt. Letztendlich geht es dem Kunden beim Kauf eines Produkts um die Leistung und weniger um das Produkt selber. Das wird dazu führen, dass in einigen Märkten nicht mehr die Produkte, sondern nur noch die entsprechende Leistung verkauft werden. Warum muss ein Landwirt eine teure Landmaschine, z. B. einen Mähdrescher, den er nur wenige Wochen im Jahr nutzt, kaufen? Eigentlich benötigt er nur die Ernteleistung. Weitere Beispiele sind der Pumpenhersteller, der die Pumpenleistung anbietet, siehe auch Abschn. 2.4.1. In allen diesen Fällen geht das Risiko des Betriebs der Anlage auf den Hersteller über. Die Anlage gehört dem Hersteller und wird vom Hersteller betrieben. Wenn die Anlage ausfällt, verliert der Hersteller Umsatz, d. h. er ist an einer möglichst hohen Verfügbarkeit seiner Maschine/seines Produktes interessiert. Durch Industrie 4.0 ergeben sich auf dem Weg vom Produkt- zum Lösungsanbieter neue technische Möglichkeiten.

Verfügbarkeit wird u. a. durch den Service- und Instandhaltungsprozess (Abb. 2.5) verbessert. Der erste Prozessschritt besteht aus der Datenanbindung der **Geräte** mit Hilfe von M2M. Das ermöglicht **Zustandsüberwachung**. Auf Basis einer möglichst großen Datengesamtheit wird vorhergesagt, wann ein Fehler mit einer Wahrscheinlichkeit X % in Y Tagen auftreten wird. Eine Handlungs-und Reparaturempfehlung kann automatisch ermittelt werden. Der **Service- und Instandhaltungsprozess** wird dabei so weit wie möglich automatisiert. Bevor der Service-Techniker an die Anlage hinausfährt, ermittelt das System, welche Ersatzteile benötigt werden und mit welchen Arbeitsschritten der Fehler behoben werden kann. Dabei geht es nicht darum, eine Seite aus dem Handbuch anzuzeigen, sondern dynamisch die notwendigen Reparaturschritte zu ermitteln.

Aus der **Handlungsempfehlung** wird dann ein **automatischer Serviceauftrag** erzeugt, bei dem die kompletten Inhalte wie Ersatzteile, Sensoranomalie, aufgetretener Fehler, Reparaturanleitung an den Service-Techniker übergeben werden. Mit dieser Automatisierung soll erreicht werden, dass die **durchschnittliche Stillstandszeit** bei ungeplanten Ausfällen **reduziert** wird.

Abb. 2.5 Integrierter Service-/Instandhaltungsprozess

Auswirkung auf das Geschäftsmodell

Kunden:
Da das Produkt vom Hersteller betrieben wird, geht das Risiko des Betriebs auf den Hersteller der Anlage über. Damit können insbesondere risikoaverse Kunden angesprochen werden, die eine niedrigere Kapitalbindung wünschen.

Nutzenversprechen:
Das Nutzenversprechen für den Kunden erweitert sich, da sich die Verfügbarkeit erhöht und er die benötigte Leistung nur abrufen muss, wenn er sie tatsächlich benötigt.

Wertschöpfungskette:
Die Wertschöpfungskette erweitert sich, weil der klassische Produkthersteller nicht nur das Produkt produziert, sondern auch die Anlage betreibt.

Ertragsmechanik:
Es entstehen neue Umsatzströme durch die Abrechnung nach tatsächlich erbrachter Leistung. Es entstehen aber auch Kosten, weil die entsprechende Betriebsinfrastruktur aufgebaut werden muss. Zusätzlich entstehen beim Hersteller neue Risiken, da der Hersteller jetzt auch die Betriebsrisiken trägt.

Fazit:
Verfügbarkeit ist ein interessantes Geschäftsmodell, das durch Industrie 4.0 einen neuen Schub bekommen dürfte.

2.1.5   Offenes Geschäftsmodell: Marktplatz

Ein offenes Geschäftsmodell verändert das bestehende Geschäft, indem es auch Marktteilnehmer außerhalb des eigenen Unternehmens einbezieht, vgl. Gassmann et al. (2013). Das passt sehr gut zum Grundkonzept von Industrie 4.0, die horizontale Wertschöpfungskette abzubilden. Es lassen sich jetzt neue Prozesse abbilden, z. B. in der Logistik. Logistikunternehmen mit den Fahrzeugen und transportierten Waren, Lieferanten mit den Zulieferteilen und Hersteller mit den Fertigungsprozessen und Werkstücken sind miteinander in Echtzeit verbunden. Dadurch lässt sich die Fertigungslogistik optimieren. Muss z. B. ein LKW des Logistikunternehmens umgeleitet werden, weil sich am Wareneingang des Herstellers die LKWs stauen? Muss das Unternehmen seine Fertigungsplanung verändern, wenn ein LKW einen Unfall hatte? Das Konzept des offenen Geschäftsmodells lässt sich auch auf andere Prozesse, z. B. Entwicklung und Service abbilden.

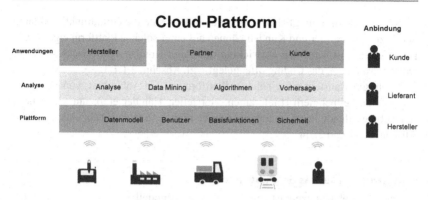

Abb. 2.6 Cloudbasierte Plattform

Um solche Prozesse mit unterschiedlichen Marktteilnehmern als Marktplatz abzubilden, ist eine IT-Infrastruktur erforderlich, um bspw. vorhersagen, wann ein bestimmtes Bauteil in der Maschine ausfällt, um eine Bestellung beim Maschinenlieferanten auszuführen. Herkömmliche IT-Systeme (ERP, MES etc.) eines Unternehmens können solche Fragestellungen nicht lösen, weil systemübergreifende Analysen auf Gerätedaten erforderlich sind, um Reaktionen in den betriebswirtschaftlichen Systemen der Marktteilnehmer auszulösen. Deshalb bekommt das Cloud-Computing (Abb. 2.6) in Industrie 4.0 eine ganz neue Bedeutung. Es wird Funktionalitäten geben, die erst durch eine Cloud ermöglicht werden, z. B. Vorhersage von zukünftigen Maschinenausfällen auf Basis einer möglichst großen Datengesamtheit (in der Vergangenheit gesammelte Maschinendaten). Andere Funktionalitäten müssen immer auf Systemen im eigenen Unternehmen ablaufen, z. B. Abriegelungsmechanismen im Millisekunden-Bereich in der Fertigung. Von daher werden in den nächsten Jahren vermutlich hybride IT-Landschaften aus Kunden-IT-Systemen und Cloud-Funktionalitäten entstehen, vgl. Bauernhansl et al. (2014).

Der IT-technische Aufwand, eine Cloud selber zu entwickeln und zu betreiben, ist besonders groß. Deshalb ist gerade für mittelständische Unternehmen die entscheidende Frage, ob sie eine solche IT-Infrastruktur selber aufbauen wollen und können oder ob sie die benötigten Dienste von einem spezialisierten IT-Anbieter einkaufen oder ob sie sich die Aufwände mit anderen Mittelständlern teilen. Hier entwickelt sich gerade für IT-Unternehmen ein interessanter Markt. Eine Reihe von IT-Firmen und Produktherstellern entwickeln hier entsprechende IoT-Plattformen. Momentan gibt es sicherlich 200 verschiedene Plattformen auf dem Markt. Wie sich der Markt hier entwickelt und ob es eine Konsolidierung auf wenige große Plattformen geben wird, bleibt abzuwarten.

Kernstück eines möglichen **Geschäftsmodells** sind die Grundfunktionalitäten der Plattform. Partner und Kunden können auf einer solchen Plattform eigene **Applikationen und Analysen entwickeln** und ihren Kunden als Services anbieten. Dafür wird i. d. R. das Coding offengelegt, vgl. Abschn. 2.1.1.3. Wichtiger Baustein einer solchen Plattform ist die Anbindung von verschiedenen Marktteilnehmern (Lieferanten, Hersteller, Händler etc.), um wertschöpfungsübergreifende Prozesse auf einer einheitlichen Datenbasis abzubilden, siehe Abschn. 2.2.1 und 2.1.4

Auswirkung auf das Geschäftsmodell

Das Marktplatzkonzept ist ein neues Geschäftsmodell

Kunden:

Der Marktplatz spricht unterschiedliche Teilnehmer der Wertschöpfungskette an. Diese nehmen entsprechende Services aus Logistik, Produktion, Service und Entwicklung in Anspruch.

Nutzenversprechen:

Der Marktplatz bietet ein ganz neues Nutzenversprechen, da er eine Zusammenarbeit zwischen den Marktteilnehmern in Echtzeit ermöglicht.

Wertschöpfungskette:

Die Wertschöpfungskette kann potenziell alle Teilnehmer der Wertschöpfungskette enthalten.

Ertragsmechanik:

Erträge entstehen, indem die einzelnen Marktteilnehmer Grundfunktionalitäten der Plattform nutzen und eigene Services auf Basis dieser Daten anbieten.

Fazit:

Ein Marktplatz auf Basis eines offenen Geschäftsmodells bietet ganz neue Geschäftsanwendungen und Prozesse.

„**Data is the Next ‚Intel inside‟** (Back 2012, S. 4).Voraussetzung für den Erfolg von **datengetriebenen Geschäftsmodellen** ist die **Verfügbarkeit** von **Daten**. Das Unternehmen, das über die **Daten verfügt**, kann das **Wissen** aus den Daten ableiten und die entsprechenden **Services anbieten**. Es gibt Branchen, die sind eher bereit, die Daten zur Verfügung zu stellen. Andere sind deutlich konservativer und restriktiver, z. B. die Energieversorger. Und natürlich spielen auch unterschiedliche Interessen der einzelnen Marktteilnehmer eine entscheidende Rolle. Kunden wollen oft die Daten für sich behalten. Wenn aber ein Kunde nur wenige Maschinen besitzt, dann sind Vorhersagemodelle auf der geringen Datenbasis nur schwer möglich. Der Hersteller wiederum hat eine große Datenbasis an Installationen, kann diese aber natürlich nur nutzen, wenn die Kunden die Daten „freigeben". In der täglichen Arbeit des Autors sind **Kunden** dann bereit sind, Daten freizugeben, wenn sie für sich einen **Mehrwert** erkennen, z. B. durch eine höhere Verfügbarkeit der Maschine oder Anlage.

2.2 Ansätze für die Verbesserung bestehender Geschäftsmodelle

Im Folgenden werden zwei Anwendungsfälle zur Verbesserung bestehender Geschäftsmodelle beschrieben.

2.2.1 Verkürzung Lieferzeit

Auf der Suche nach Differenzierungskriterien gegenüber Wettbewerbern kann die Lieferzeit, also die Zeit vom Bestelleingang bis zur Auslieferung des Produktes, einen Beitrag leisten, vgl. Wiendahl (2012). Durch höhere Flexibilität und niedrigere Lieferzeiten sollen Wettbewerbsvorteile und höhere Preise gegenüber den Wettbewerbern durchgesetzt werden. Eine Reduzierung der Lieferzeit erfordert zahlreiche Maßnahmen (organisatorisch, IT technisch etc.). Eine signifikante Verringerung ist durch eine Materialflussoptimierung mit Industrie 4.0-Technologie möglich.

Die Einführung von Auto-ID-Verfahren (z. B. RFID) ist die Voraussetzung. Die Werkstücke, Ladungsträger und Fahrzeuge sind eindeutig identifizierbar. Die Durchflusszeit kann durch die Optimierung des Materialflusses (Transportwege, Lagerbestände etc.) innerhalb des Werkes, siehe Abb. 2.7 reduziert werden. Die LKWs der Logistikfirmen, die Ladungsträger und Werkstücke übermitteln mit Hilfe von Telematik-Modulen in Echtzeit ihre tatsächliche Position. So können die Bewegungen innerhalb des Werkgeländes optimiert und unnötige Stillstandszeiten und Verzögerungen ausgeschlossen werden. Die Optimierung der Logistik außerhalb des Werkstores führt gerade in Ballungsräumen zu einer effektiveren Abwicklung. Durch die Telemetrie-Daten ist der tatsächliche Ort eines LKWs des Logistikunternehmens identifizierbar und der entsprechende Wareneingang und Fertigungs- und Transportaufträge des zu beliefernden Herstellers können genauer geplant werden. Stauen sich am Wareneingang mehrere LKWs, werden weitere heranfahrende LKWs auf einen Parkplatz umgeleitet. Ist am Wareneingang kein Betrieb, werden weitere LKWs angefordert. Mit historischen Daten und Erfahrungswerten kann die Transport- und Produktionsplanung initial optimiert werden. Wenn ein LKW mit Bauteilen für einen spezifischen Fertigungsauftrag

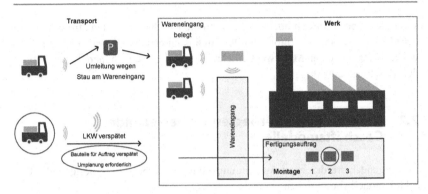

Abb. 2.7 Schematische Darstellung der Integration von Logistik und Produktion

im Stau steht, kann in Echtzeit auf diese „Störung" reagiert werden und z. B. die Reihenfolge der Fertigungsaufträge geändert werden. Dieses Verfahren ist heute z. B. in der Automobilindustrie noch nicht akzeptiert.

Der Autor erlebt in seiner täglichen Arbeit eine Reihe von Unternehmen, die sich ehrgeizige Ziele setzen, die Lieferzeit zu reduzieren. Die Materialflussoptimierung kann da einen Beitrag zur Reduzierung der Lieferzeit leisten.

Auch in der Entwicklung und im Engineer-to-Order-Prozess ist es wichtig, Durchflusszeiten zu reduzieren (Time-to-Market), auch wenn die Zyklen deutlich länger sind. Hier können Industrie 4.0-Verfahren, z. B. die Testsimulation von Produktionsanlagen eingesetzt werden, um die physischen Testphasen des Produktes zu reduzieren und so schneller das Produkt in den Markt zu bringen.

Ein weiteres Beispiel ist die Simulation einer Inbetriebnahme-Umgebung, durch die entsprechende notwendige Konfigurationen ermittelt werden, um die Installation und die Inbetriebnahme einer komplexen Anlage vor Ort zu beschleunigen.

Auswirkung auf das Geschäftsmodell

Kunden:
Es können insbesondere Kunden angesprochen werden, die eine höhere Flexibilität und niedrigere Lieferzeiten benötigen.

Nutzenversprechen:
Durch niedrigere Lieferzeiten ist der Kunde flexibler und kann länger seine Konfiguration ändern. Das erhöht die Kundenzufriedenheit.

Wertschöpfungskette:
Die Reduzierung der Lieferzeit ist eine Effizienzsteigerung, die nur durch eine Veränderung der Prozesse in der Lieferkette, der Produktion und der Logistik möglich ist.

Ertragsmechanik:
Einige Unternehmen versuchen für signifikant kürzere Lieferzeiten höhere Preise zu verlangen. Damit steigen die Umsätze. Allerdings erhöhen sich die Kosten, weil die reduzierte Durchflusszeit oft durch höhere Lagerbestände „erkauft" wird. Die **Reduzierung** der **Durchflusszeit** führt beim Hersteller zu einer **Produktivitätssteigerung** und damit zu **höheren Margen.**
Fazit:
Die Reduzierung geht über eine reine Effizienzsteigerung hinaus, wenn das Nutzenversprechen und die Ertragsmechanik entsprechend verbessert werden.

2.2.2 Verbesserung Qualität

Gute Qualität von Produkten ist generell ein wichtiger Wettbewerbsvorteil. Das Ziel ist es, mit Hilfe von Industrie 4.0-Technologien eine weitere Verbesserung der Qualität in technischen Prozessen, die eine hohe Fehleranfälligkeit auf der einen und einen hohen Grad an Sensorüberwachung auf der anderen Seite aufweisen, zu ermöglichen. Möglich ist das für hochautomatisierte Verfahren, z. B. Heißverformung in der Presse bei der Herstellung von Blechen. Ein anderes Anwendungsbeispiel sind hochautomatisierte Prozesse in einer Gießerei.

Damit sich der automatische Einsatz lohnt, müssen folgende Voraussetzungen gegeben sein:

• Hoher Ausschuss und hohe Nacharbeitskosten
• Steuerbare automatische Prozesse mit hohem Anteil an Sensorüberwachung

Im Sinne von Industrie 4.0 geht es um die Verknüpfung der Qualitätsprüfung mit den entsprechenden Sensorverläufen des Produktionsprozesses, siehe Abb. 2.8. Die Qualitätsprüfung wird gerade bei mechanischen Teilen durch bildgebende Verfahren, z. B. Infrarot-Scan, automatisch durchgeführt. Die Ergebnisse der Qualitätsprüfung werden mit den Sensordaten und -verläufen zum Zeitpunkt der Prüfung in Zusammenhang gebracht. Die Prüfung ergibt „ok/nicht ok" als Ergebnis und zu diesen Prüfdaten werden die entsprechenden Sensorverläufe abgespeichert. Mit Hilfe von mathematischen Verfahren werden dann die Vergangenheitsdaten untersucht, um daraus Fehlermuster zu erkennen. Auch hier muss die Datengesamtheit wieder möglichst groß sein. Ziel ist es, auf Basis der Fehlermustererkennung und Vorhersage Fehler frühzeitig zu erkennen, um dann steuernd in den Prozess einzugreifen und Fehler schon vor dem Auftreten zu vermeiden. Gerade die Iden-

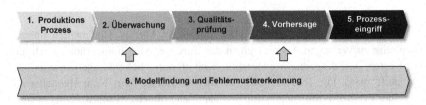

Abb. 2.8 Prozess für Qualitätsverbesserung

tifizierung von Fehlern zu späten Zeitpunkten im Produktionsprozess oder nach Auslieferung des Produktes kann kostspielig sein. Deshalb kann die konsequente Anwendung dieses Prinzips auf hochautomatisierte Verfahren die Qualitäts- und Nacharbeitskosten senken.

Auswirkung auf das Geschäftsmodell

Kunden:
Durch höhere Qualität kann die Kundenbindung erhöht werden.

Nutzenversprechen:
Durch eine höhere Qualität kann die Verfügbarkeit des Produktes für den Kunden erhöht werden.

Wertschöpfungskette:
Durch die Integration der Qualitätsprüfung in die Sensorüberwachung werden Fehler frühzeitig erkannt, bevor sie auftreten. Entsprechende Nacharbeiten werden überfällig.

Ertragsmechanik:
Durch das frühzeitigere Erkennen von Fehlern sinken die Nacharbeits- und evtl. Rückrufkosten, d. h. die Marge steigt.

Fazit:
Die Erhöhung der Qualität durch I4.0-Verfahren reduziert die Ausschüsse und erhöht die Margen.

2.3   Neu zu definierende Geschäftsmodelle

Neu zu definierende Geschäftsmodelle sind zum einen neue Geschäftsmodelle, die in den nächsten Jahren neu erfunden werden und zum anderen Geschäftsmodelle, die aus mehreren Geschäftsmodellen individuell zusammengestellt werden. Hier ist das Vorgehen entscheidend, das in Kap. 4 beschrieben wird.

2.4   Beispiele

2.4.1   Firma KAESER verkauft Verfügbarkeit

Die Firma KAESER Kompressoren in Coburg verkauft nicht nur Kompressoren, sondern auch Druckluft. KAESER betreibt dieses Geschäft schon seit einigen Jahren. Die Kompressorstation wird zwar beim Kunden aufgestellt, um die Druckluft zu erzeugen, die Station selber bleibt aber im Eigentum der Firma KAESER. Service-Level Agreements gewährleisten die Verfügbarkeit, die Leistung und die Qualität. Abgerechnet wird per Festpreis für den Kubikmeter Druckluft inkl. aller Kosten.

Durch Industrie 4.0-Technologien bekommt dieses Modell einen besonderen Schub, weil durch Vernetzung, Monitoring und Vorhersage von Ausfällen die Anlagen länger und profitabler betrieben werden können.

Im Jahr 2013 wurde ein Industrie 4.0-Projekt gestartet und im September 2014 die erste Phase live gesetzt. Alle Daten fließen in ein sogenanntes „Machine Operation Center" in Coburg. Dort analysieren Entwicklungs-, Produktions- und Service-Spezialisten zusammen die eingehenden Fehler. Mathematiker suchen mit Hilfe von mathematischen Modellen auf der Datengesamtheit Fehlermuster.

Ziel ist es, Fehler in der Zukunft vorherzusagen, um die Reparatur in einem geplanten Zeitfenster durchführen zu können. Wenn es tatsächlich zu einem ungeplanten Ausfall kommt, soll die First-Time Fix-Rate (Prozentsatz an Reparaturen, bei dem der Fehler beim ersten Besuch an der Anlage behoben wird) erhöht werden. Dafür ist es nötig, dass die gesamte Servicekette integriert wird. In der Endausbaustufe wird ein Serviceauftrag auf Basis des prognostizierten Fehlers mit der Information der benötigten Ersatzteile und Montageanleitung automatisch generiert. Um das aber umsetzen zu können, spielen die Servicedaten (Verträge, Equipment-Strukturen, Aufträge, Kundendaten) eine große Rolle. Gerade die Verträge und Stationsdaten müssen auf Verfügbarkeit on Demand angepasst werden, um das verbrauchsbasierte Abrechnungsmodell zu automatisieren.

Die Entwicklung nutzt die Vergangenheits-Maschinendaten, um die neuen Produkte noch effizienter und ausfallsicherer zu bauen. Der Vertrieb kann die Maschinendaten nutzen, um bessere Auskünfte über die tatsächliche Nutzung der Anlage beim Kunden zu erhalten. Ziel ist es, den Kunden gezielter zu betreuen, das Kundengeschäft auszubauen und die Kundenbindung zu steigern.

2.4.2 HARTING entwickelt ein offenes Geschäftsmodell für Hardware

Die Firma HARTING, klassisch ein Hersteller von Steckverbindern, Kabeln, Netzanschlusstechnik und RFID-Technologie, geht immer stärker den Weg vom Produkthersteller zum Anbieter von kompletten Lösungen. Gerade durch Industrie 4.0 wird das verstärkt.

HARTING beschäftigt sich insbesondere mit dem cyber-physischen System und dabei besonders mit dem Konzept des embedded PCs. Auf Basis der ARM-Technologie (ARM: Typ Mikroprozessor) werden Hardware und Software so miteinander kombiniert, dass der Rechner flexible Aufgaben an einer Maschine oder Anlage im industriellen Umfeld übernehmen kann. Immer dann, wenn eine Steuerung zu inflexibel und zu starr ist oder bei alten Anlagen nicht nachgerüstet werden kann, kommt ein embedded PC zum Einsatz. Dieser hat eine Netzwerkkommunikation zur Außenwelt und kann Logik und mathematische Modelle, z. B. für die Vorhersage, direkt an der Maschine verarbeiten.

Das System wird als offene Plattform entwickelt, auf dem Partner, Kunden und theoretisch auch Wettbewerber ihre eigene Logik implementieren können. Das zeigt, dass auch Hardwarekonzepte mit einem offenen Ökosystem ein Potenzial für Industrie 4.0 bieten.

2.5 Schlussfolgerung

In diesem Kapitel sollten Anregungen gegeben werden, wie die Anwendung von Industrie 4.0-Technologien die Geschäftsmodelle beeinflussen kann. Für viele Firmen ist sicherlich eine Kombination aus verschiedenen Modellen für unterschiedliche Prozesse relevant. Deshalb sind die Suche und die Umsetzung der richtigen Geschäftsmodellidee entscheidend, siehe Kap. 3.

Umsetzung und Transformation 3

Lange hat man sich in der IT-technischen Umsetzung (insbesondere bei ERP-Systemen) bemüht, so gut wie möglich Best-Practice-Prozesse umzusetzen, vgl. Leon (2008). Im Thema Industrie 4.0 geht es um Wettbewerbsvorteile und Differenzierung gegenüber den wichtigsten Wettbewerbern. Deshalb sollten das Geschäftsmodell und die zugehörigen Prozesse und IT-Systeme individuell auf die entsprechenden Wettbewerbsvorteile zugeschnitten werden, um durch individuelle Wertschöpfungsprozesse und Lösungen individuelle Mehrwerte beim Kunden zu heben.

In diesem Kapitel wird eine mögliche Vorgehensweise schrittweise beschrieben, um das individuelle differenzierende Geschäftsmodell zu identifizieren und umzusetzen. Pro Schritt werden die wichtigsten Werkzeuge beschrieben, die sich in der täglichen Arbeit mit Industrie 4.0 bewährt haben.

Startpunkt ist die **Analyse** des Umfeldes und des bisherigen Geschäftsmodells (Abb. 3.1). Hilfreich ist die Ermittlung des Industrie 4.0-Reifegrades, um daraus die Knackpunkte des bisherigen Geschäftsmodells zu ermitteln. Die Reifegradanalyse ist die Voraussetzung für die nächsten Schritte.

In der **Ideenfindung** ist es wichtig, gute **Ideen** für ein neues Geschäftsmodell zu entwickeln, **ohne** sich gleich von der Machbarkeit und den täglichen Schwierigkeiten **bremsen zu lassen**. Es geht um eine Idee für ein Geschäftsmodell oder eine Veränderung, welche schrittweise in mehreren Jahren (z. B. 3–5) umgesetzt werden kann.

Auf Basis von mehreren guten Ideen wird ein **Industrie 4.0-Zielmodell** entwickelt. Wichtig ist hierbei nicht nur das einzelne Unternehmen, sondern auch gleich das Ökosystem mit Lieferanten, Händlern, dem Marktplatz, der Maschinen-Cloud und dem Wettbewerb inkl. Datenflüssen einzubeziehen.

Auf Basis des geplanten Industrie 4.0-Zielmodells werden **Geschäftsmodell** und **IT-Architektur**, die das Zusammenspiel der Geräte- mit der IT-Welt model-

© Springer Fachmedien Wiesbaden 2015
T. Kaufmann, *Geschäftsmodelle in Industrie 4.0 und dem Internet der Dinge*, essentials, DOI 10.1007/978-3-658-10272-2_3

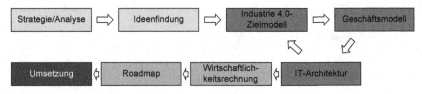

Abb. 3.1 Industrie 4.0-Vorgehensmodell

liert, entworfen. Sobald die Architektur definiert ist, lassen sich die möglichen Mehrwerte und Kosten durch eine **Wirtschaftlichkeitsrechnung** ableiten. Diese stellt dann den Rahmen dar, eine „**Industrie 4.0-Roadmap**" in kleinen machbaren Schritten umzusetzen.

Empfehlenswert ist es, jeden Schritt durch eine Validierung mit Kunden zu begleiten.

3.1 Analyse

Das Industrie 4.0-Reifegradmodell zeigt, dass der Weg zu neuen Geschäftsmodellen in Industrie 4.0 ein mehrstufiger Weg sein kann. Erst müssen die technischen Voraussetzungen wie Anschluss der Geräte, Aufbau von Big-Data-Systemen und die entsprechenden Analysemöglichkeiten geschaffen werden, um dann im nächsten Schritt Lösungen zu entwickeln, welche die Geschäftsmodelle signifikant beeinflussen (Abb. 3.2).

Die Reifegrad-Analyse eignet sich für die Standortbestimmung, wo sich das Unternehmen tatsächlich befindet. Viele Unternehmen denken, dass ein Anschluss der Maschinen ausreicht. In seiner täglichen Arbeit bei SAP nutzt der Autor des-

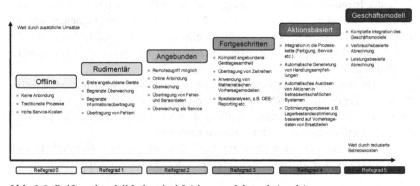

Abb. 3.2 Reifegradmodell Industrie 4.0 (abgewandelt nach Axeda)

halb das Reifegradmodell als einfaches Werkzeug, um daraus die Handlungsoptionen, Ziele und Maßnahmen abzuleiten.

Werkzeug

Die einzelnen Kategorien werden mit sechs Stufen bewertet:

- **Stufe 0**: keine Ausprägung
- **Stufe 1**: erste Konzepte
- **Stufe 2**: erste Ansätze
- **Stufe 3**: erste Integrationsansätze für einzelne Prozesse
- **Stufe 4**: starke Ausprägung mit einzelnen Schwächen
- **Stufe 5**: Merkmal Industrie 4.0 100 % umgesetzt

Die Reifegradermittlung kann für die einzelnen Kategorien erfolgen, siehe Tab. 3.1. Zur Ermittlung des Gesamttreifegrades wird der Mittelwert (Summe der Reifegrade pro Kategorie geteilt durch Anzahl Kategorien) gebildet. Der Reifegrad kann auch für Anwendungsfälle und Geschäftsmodelle bestimmt werden, siehe Tab. 3.2.

Ist der Ist-Reifegrad ermittelt, werden der Zielreifegrad und die Industrie 4.0-Ziele formuliert als Ausgangspunkt für die Ideenfindung.

Tab. 3.1 Kategorien für die generelle Reifegradermittlung

Reifegrad	Kategorien
Maschinenanbindung → *Anbindung von Maschinen, Geräten oder Anlagen*	
0	Keine Anbindung
1	Zeitlich begrenzte Anbindung
2	Online-Anbindung
3	Bidirektionale Anbindung – Update von Softwareständen etc.
4	Aktualisierung der Konfiguration
5	Maschine kann selber Prozesse anstoßen (Bestellung etc.)
Daten	
0	Manuelle Daten
1	Fehlerdaten
2	Maschinendaten
3	Maschinendaten/Zeitreihen/Big Data
4	Übertragung von betrieblichen Daten an Maschine (Equipments, Serien-Nr. etc.)
5	Semantisches (selbstlernendes) Datenmodell

Tab. 3.1 (Fortsetzung)

Reifegrad	Kategorien
Analyse	
0	Keine
1	Einfache Überwachung
2	Condition Monitoring
3	Anwendung von Vorhersage-Algorithmen
4	Optimierung von Prozessen (z. B. Lagerbestände etc.)
5	Semantische (Selbstlernende) Analyse
Integration	
0	Keine
1	Punktuelle Integration einzelner Systeme
2	Erste Integration in ERP-System (Stammdaten)
3	Aktionen in nachfolgenden Prozess werden ausgelöst (Service-Auftrag etc.)
4	Komplette Integration Feldebene ↔ IT-Systeme
5	Selbststeuernde Prozesse werden von Maschinen gestartet

Tab. 3.2 Checkliste für die einzelnen Anwendungsfälle

Reifegrad	Kategorien
Erhöhung Qualität (Sensorbasiert)	
0	Keine automatische Qualitätsprüfung
1	Erste Konzepte Automatische Qualitätsprüfung ohne Sensorverknüpfung
2	Automatische Qualitätsprüfung ohne Sensorverknüpfung
3	Qualitätsprüfung und Sensor- und Prozessüberwachung sind eng verknüpft; Fehlermustererkennung auf den Daten; keine Rückschnittstelle
4	Vollständige Überwachung und Vorhersage; Daten werden zur aktiven manuellen Steuerung des Prozesses genutzt
5	Automatisches Steuern des Prozessleitsystems auf Basis Vorhersage
Verkürzung Lieferzeit	
0	Keine Auto-ID Verfahren
1	Auto-ID Verfahren punktuell an einzelnen Arbeitsschritten
2	Umsetzung Auto-ID im Unternehmen
3	Telemetrie-Anbindung innerhalb Unternehmen
4	Telemetrie-Anbindung außerhalb Unternehmen; Nutzung der Daten für Materialflussoptimierung
5	Nutzung Echtzeit-Daten für gesamte Unternehmensplanung

Tab. 3.2 (Fortsetzung)

Reifegrad	Kategorien
Personalisierte Produkte	
0	Keine Konfiguration möglich
1	Konfiguration für einzelne Modelltypen
2	Durchgängige Konfiguration
3	Produkte außerhalb vorgedachter Konfiguration
4	Optimierung der internen Prozesse
5	Komplette Integration über die Wertschöpfungskette inkl. Lieferanten
Verfügbarkeit on Demand	
0	Keine Systemunterstützung
1	Erste Maschinendaten punktuell vorhanden
2	Verwendung der Maschinendaten
3	Komplette Prozess-Integration mit manuellen Schnittstellen
4	Komplette automatische Prozess-Integration
5	Systemunterstützung von Verbrauchsbasierter Abrechnung
Intelligente Lösungen	
0	Produkte nicht angebunden
1	Produkte senden Daten, einfache Datenanalysen
2	Erste Services: Einfache Algorithmen und Fehlermuster, z. B. Lebenszeitberechnung
3	Komplexe Algorithmen inkl. Vorhersage mit vereinzelter Integration in die betriebswirtschaftlichen Prozesse
4	Komplette Integration in die betriebswirtschaftlichen Prozesse; Optimierungs-Services auf Echtzeitdaten, z. B. Lagerbestand
5	Verbrauchsbasierte Abrechnung
Offene Geschäftsmodelle	
0	Geschlossenes Modell
1	Konzept zur Nutzung von I4.0 Technologien
2	Anbindung des eigenen Unternehmens
3	Anbindung einzelner Marktteilnehmer der eigenen Wertschöpfungskette
4	Anbindung aller Teilnehmer der Wertschöpfungskette
5	Geschäftsmodell offen für alle Marktteilnehmer (inkl. Wettbewerber) innerhalb und außerhalb Wertschöpfungskette

3.2 Ideenfindung

Die Ideenfindung ist in Industrie 4.0 besonders wichtig, da die Industrie 4.0-Technologien ganz neue Möglichkeiten bieten. Es gilt, für das eigene Unternehmen Ideen für ein wettbewerbsfähiges Geschäftsmodell unter Nutzung der neuen technischen Möglichkeiten zu finden. Aber was genau ist für das eigene Unternehmen die richtige Idee zur Abrundung des bestehenden Modells oder Schaffung eines neuen unter Berücksichtigung der eigenen Stärken und Schwächen und ohne funktionierendes Geschäft zu gefährden? Es gibt in der Literatur Beispiele, bei denen eine Neudefinition des Geschäftsmodells nicht funktioniert hat, weil das bisherige Geschäft vernachlässigt wurde, vgl. Raisch et al. (2007).

Bei der Ideenfindung geht es nicht darum, bekannte Probleme zu beheben, sondern individuelle neue Ideen und Konzepte zu entwickeln.

Werkzeug

In der täglichen Arbeit hat der Autor sehr gute Erfahrungen mit der Design Thinking-Methode gemacht, vgl. Vianno et al. (2014). Es ist eine kreative Methode zur Entwicklung neuer Ideen. Sie eignet sich gerade für die Geschäftsmodellentwicklung, weil die Methode den Kunden und den Anwender der Lösung stark in den Vordergrund stellt.

Es bietet sich an, mit einem 1- bis 2-Tage-Workshop zu starten. Das Team sollte heterogen zusammengestellt werden mit Teilnehmern aus den unterschiedlichen Management- und Arbeits-Ebenen. Idealerweise ist auch ein Vertreter des Top-Managements dabei. Möglichst verschiedene Abteilungen, wie Service, Entwicklung, Vertrieb, Logistik und evtl. auch Controlling sollten je nach Anwendungsfall vertreten sein. Die Offenheit der Teilnehmer spielt eine große Rolle. Deshalb ist es wichtig, dass kreative, innovative und visionäre Mitarbeiter an solch einem Workshop teilnehmen. Situationsabhängig kann auch ein Kunde oder Lieferant oder Händler eingeladen werden.

Die **Aufgabenstellung**, auch „**Design-Challenge**" genannt, ist entscheidend für den Erfolg eines Design-Thinking-Workshops. Sie darf nicht zu allgemein („Wie kann Industrie 4.0 das Unternehmen weiterbringen?") und nicht zu speziell formuliert werden („Wie muss die Steuerungsanbindung für Maschine XY aussehen?"). Hier ein Beispiel für eine gelungene Design Challenge aus dem Jahr 2014: „Wie muss ein Geschäftsmodell im Service im Jahre 2017 aussehen, um mit M2M-Anbindung von Produkten den Service-Umsatz um 30 % zu steigern?"

Wenn auf Basis der Aufgabenstellung der Scope für das Projekt definiert wird, ist es wichtig, die zu untersuchenden Marktsegmente (bestimmte Produktreihe), das zu untersuchende Marktumfeld und die entsprechenden Wettbewerber zu identifizieren.

In der **Ideenfindung** ist es wichtig, die möglicherweise auftretenden Probleme (Technik, Organisation, Budget etc.) zunächst außer Acht zu lassen und nach krea-

tiven, visionären Ideen zu suchen, wie **unter idealen Bedingungen** ein Geschäftsmodell aussehen kann. Dabei wird im ersten Schritt jede Idee, und sei sie noch so
„verrückt", zugelassen. Diese Ideen werden dann immer weiterentwickelt. **Ideen
dürfen verworfen oder verfeinert werden**, bis sie gut sind. Es ist selten, dass
Ideen aus der ersten Runde gleich weiterentwickelt werden können. Es empfiehlt
sich, **mehrere Runden** (3–4) der Ideenfindung zu absolvieren.

▶   Industrie 4.0-Projekte sind häufig im **Thought-Leadership-Bereich**
    angesiedelt. Es sind Aufgabenstellungen, bei denen der Bedarf beim
    Kunden erst erzeugt werden muss. Deshalb sollte die Kundenanalyse
    und Kundenvalidierung mit großer Vorsicht betrachtet werden, weil
    der Kunde oft die Tragweite einer solchen Fragestellung nicht erkennt.
    Der Kunde fordert Verbesserungen an der jetzigen Lösung und kann
    sich völlig neu definierte visionäre Lösungen oft nicht vorstellen. Das
    ist eine der großen Herausforderungen dieser Methode, so dass die
    Ergebnisse der Marktvalidierung unter Umständen durch ein visionäres
    Marktgespür übersteuert werden müssen.

3.3   Das Industrie 4.0-Zielmodell

Ist die Idee entwickelt, geht es um die Definition und Konkretisierung des Geschäftsmodells und der IT-Architektur. Für die Beschreibung und Entwicklung
von Industrie 4.0-Geschäftsmodellen sind in der täglichen Arbeit die gängigen
Modelle, z. B. Business Model Canvas (Osterwalder et al. 2010) hilfreich. Die
Besonderheiten von Industrie 4.0, die Daten, die Datenflüsse, die Analysen und
die benötigten Marktteilnehmer werden nicht ausreichend berücksichtigt. Deshalb
bietet es sich an, vor der Formulierung des Geschäftsmodells und der Ableitung der
IT-Architektur ein **Industrie 4.0-Zielmodell** (Abb. 3.3) zu definieren.
   Dieses enthält folgende vier Kernelemente (Abb. 3.4):

- Flüsse
- Marktteilnehmer (Lieferant, Hersteller, Händler, Kunde, Maschinen-Cloud,
  neuer Marktteilnehmer etc.)
- Wertbeitrag
- Wettbewerb und Ökosystem

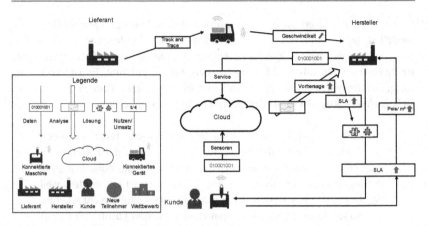

Abb. 3.3 Beispiel für Industrie 4.0-Zielmodell

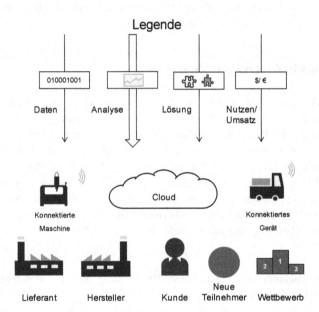

Abb. 3.4 Kernelemente Industrie 4.0-Zielmodell

Die **Flüsse** zwischen den einzelnen Teilnehmern werden unterschieden in:

* Daten
* Analyse
* Lösung (Service/Produkt)
* Werte (Nutzen/Umsatz)

Da gerade die **Daten** in Industrie 4.0 bedeutsam sind und einen Wert an sich dar-
stellen, ist der **Datenfluss** entscheidend und wichtiger Bestandteil eines Industrie
4.0-Modells. Die Ergebnisse aus der **Daten-Analyse**, die mathematischen Modelle
und Prognosen spielen auch eine Rolle. Die **Produkte** und **Services** und der damit
erzielbare **Mehrwert** lassen sich daraus ableiten.

Für jeden einzelnen Marktteilnehmer und das zu betrachtende Unternehmen
wird ein individueller Wertbeitrag unter Berücksichtigung des Wettbewerbs ermittelt: Was sind das Alleinstellungsmerkmal und der Mehrwert, welche das Geschäftsmodell gegenüber dem Wettbewerb differenzieren? Die Wahrnehmung des
Kunden kann abweichen. Gerade daraus lassen sich einige Arbeitsschritte für die
Umsetzung der Roadmap ableiten.

Empfehlenswert ist es, ein Modell für jeden einzelnen Prozess der Wertschöp-
fungsphase mit allen Marktteilnehmern zu erstellen. Durch die Datenflüsse kann
man ableiten, wie stark die Teilnehmer, z. B. Service-Partner oder Händler, Nutzen
ziehen. Nur dann werden sie ein solches Modell mittragen. Es ist wichtig, dass alle
Marktteilnehmer, die für das eigene Geschäftsmodell relevant sind, in dem Modell
berücksichtigt werden. Die Maschinen-Daten-Cloud wird als eigener Marktteilnehmer geführt, weil sich dadurch Daten- und Umsatzströme und notwendige Al-
lianzen und Kooperationen ableiten lassen.

Momentan beansprucht jeder Marktteilnehmer die Daten für sich: Der Wälz-
lagerspezialist, der seine Produkte in Windräder einbaut, benötigt Daten für das
Monitoring der Wälzlager. Der Windradhersteller und der Betreiber des Windparks
möchten die Daten gerne für eigene Analysen nutzen. Das Modell wurde gerade
dafür entwickelt, solche Potenziale und Zusammenarbeitsmöglichkeiten zu identifizieren. Das offene Geschäftsmodell der Maschinendaten-Plattform bietet sich
hier an. Dort können die einzelnen Marktteilnehmer ihre Services auf Basis der-
selben Daten anbieten und müssen keine getrennte Datensammlung betreiben.

Ist das Modell aufgestellt, sollte es iterativ validiert und weiterentwickelt werden.

3.4   IT-Architektur für Industrie 4.0

Da Industrie 4.0 einen starken IT-Fokus besitzt, spielt der Entwurf der zukünftigen Enterprise- und IT-Architektur im Zusammenspiel mit der Automatisierungs- und Gerätearchitektur eine große Rolle.

In Industrie 4.0-Projekten geht es oft um die Fragestellung, welche Funktionalitäten an der Maschine abgebildet werden müssen, welche in der Cloud und welche Funktionen in den betrieblichen und technischen Systemen verbleiben.

Gerade beim cyber-physischen System werden bestimmte Funktionen von der Maschine, dem Werkstück etc., selber durchgeführt werden: Der Behälter bestellt automatisch Nachschub und löst dabei im ERP-System eine Bestellung aus. Funktionalitäten, die heute in die betrieblichen Systeme gehören, werden vermutlich in Zukunft immer stärker in die cyber-physischen Systeme übertragen. Von daher ist die Architekturentscheidung, welche Funktionalität an der Maschine selber umgesetzt wird, von Bedeutung. Das Gegenstück dazu ist die Maschinen-Cloud. Dort können genau die nicht zeitkritischen Funktionen und Analysen von der Maschine ablaufen. Auch bestimmte Funktionalitäten der ERP-Systeme lassen sich dorthin auslagern.

▶   Das für das Umsetzen der IT-Architektur benötigte Know-how aus IT, Automatisierung und Geschäftsmodellen gibt es heute nur begrenzt. Deshalb sind Teams aus Entwicklern, IT-Spezialisten, Automatisierern und Cloud-Fachleuten erforderlich, die zusammenarbeiten und das nötige Know-how aufbauen.

Ein weiterer Aspekt ist die Erreichbarkeit der Informationen. Die Daten müssen mobil verfügbar sein, mit Berechtigungen für einzelne Rollen innerhalb des Unternehmens und Marktteilnehmern außerhalb. Kunden dürfen sicherlich weniger Daten und Informationen sehen als Service-Techniker und Entwickler.

In Abschn. 2.1.5 wurde bereits deutlich, dass das Thema Software einen deutlich größeren Stellenwert bekommt. Deshalb erwerben viele Maschinenbauer und Hersteller von intelligenten Produkten Softwarefirmen, um sich das nötige Software-Know-how an Bord zu holen. Sie haben die Absicht, einen großen Anteil der benötigten Software selbst zu erstellen. Die spannende Frage ist aber, ob es sich gerade für mittelständische Firmen lohnt, die Software selber zu entwickeln oder bei einem spezialisierten IT-Provider einzukaufen.

3.5   Wirtschaftlichkeitsrechnung

Eine **Wirtschaftlichkeitsrechnung** für einen Anbieter in einem Zukunftsthema zu rechnen, ist eine **Herausforderung**, da es schwierig ist **Kosten** und **Umsätze fünf Jahre** und **mehr im Voraus** zu **schätzen**. Viele der Wirtschaftlichkeitsrechnungen würden nie genehmigt und umgesetzt, wenn realistische Zahlenschätzungen zu Grunde gelegt werden und eine Amortisationsdauer von > 3 Jahren berechnet wird.

Bei Industrie 4.0 kommt die Herausforderung dazu, dass die Technologien noch nicht ausgereift sind, siehe Abschn. 1.3.4 über die Reife der Industrie 4.0-Komponenten. Diese Unsicherheit führt zu möglichen Verschiebungen und Reduzierung der Umsatzerwartungen und möglicherweise zu höheren Kosten. In der täglichen Arbeit des Autors haben sich Amortisationsdauern von 3–4 Jahren als realistisch erwiesen.

3.5.1   Mehrwerte

Mehrwertbetrachtungen haben in Industrie 4.0 folgende Dimensionen:

- Geschäftsmodell
- Rolle
- Reifegrad

Je nach **Geschäftsmodell**, siehe Kap. 2 sind die entsprechenden Mehrwerte sehr unterschiedlich. Ein „Offenes Geschäftsmodell" bringt umso mehr Mehrwerte je mehr Marktteilnehmer der Wertschöpfungskette an solch einem Modell partizipieren. Die Mehrwerte des „Personalisierten Produktes" werden durch Automatisierung der Prozesskette entfaltet.

Die beteiligten **Rollen** weisen ebenfalls sehr **unterschiedliche Mehrwerte** auf, siehe Abb. 3.5. Im Geschäftsmodell „Industrie 4.0-Lösung" reicht der Mehrwert für den Service, von neuen Services, über höhere SLAs bis hin zu optimierter Ersatzteillogistik. Die Entwicklung hingegen kann die Produktqualität aufgrund der Daten verbessern.

Eine weitere Dimension ist der **Reifegrad**. Wenn lediglich Produkte konnektiert werden (Reifegrad 1–2), sind die möglichen zu hebenden Mehrwerte deutlich geringer als wenn eine volle Integration in die betriebswirtschaftlichen Prozesse angestrebt wird (Reifegrad 4–5), siehe Abb. 3.6.

Eine entsprechende Wirtschaftlichkeitsrechnung sollte demnach alle drei Dimensionen enthalten.

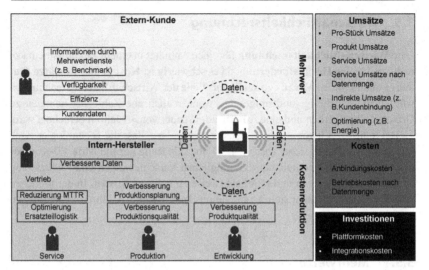

Abb. 3.5 Mehrwerte nach Rollen

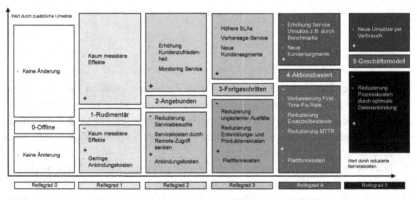

Abb. 3.6 Mehrwerte für Industrie 4.0-Lösungen (abgewandelt nach Thingworx)

3.5.2 Besonderheiten durch Industrie 4.0

Es gibt einen starken Zusammenhang zwischen dem **Heben von Mehrwerten** und dem **Datenwachstum** und der **Integration**.

Je **größer** die benötigte **Datenmenge** ist (Fehlerdaten benötigen deutlich weniger Daten als Zeitreihen), umso höher sind prinzipiell die Gesamtkosten für die **Datenhaltung** und **Aufbereitung**. Die **Mehrwerte** sind **abhängig** von den zur

Verfügung stehenden Daten. Deshalb sollte in einer Wirtschaftlichkeitsrechnung immer überprüft werden, ob die entsprechenden Daten und damit die Datenkosten, die entsprechenden Mehrwerte rechtfertigen. Einige Unternehmen kalkulieren deshalb Mengen abhängige Preise, um das Datenwachstum zu berücksichtigen.

Ein weiterer starker Zusammenhang zu den Kosten entsteht durch die **Integration in die betriebswirtschaftlichen Prozesse**. Je höher die Integration, desto höher die Mehrwerte. Eine Lagerbestandsoptimierung für Ersatzteile auf Basis einer Produktüberwachung erfordert eine hohe Integrationstiefe. Oft werden die Integrationskosten nicht mit eingerechnet, weshalb die entsprechenden Mehrwerte dann nicht gehoben werden können. Deshalb empfiehlt sich, diese von Anfang an in die Rechnung mit einzukalkulieren. Einige Firmen versuchen, die Integrationsmehrwerte an die Kunden durch bezahlte Integrations-Services weiterzugeben, z. B. ein Optimierungs-Service für die Lebensdauer. Dadurch wird die Verfügbarkeit für den Kunden erhöht und die Bedarfe für Ersatzteile des Herstellers können besser ermittelt werden.

Bei bestimmten Optimierungsservices wird die Höhe des Mehrwerts für den Kunden bei der Preisfindung berücksichtigt, z. B. Energieoptimierung. Die entsprechenden Hersteller verlangen vom Kunden bspw. einen bestimmten Prozentsatz der Einsparung.

3.6 Roadmap

Ist die Investition genehmigt worden, kann die Umsetzung starten. Das Geschäftsmodell soll Kundenanforderungen erfüllen, die nur durch Industrie 4.0-Technologien möglich werden. Empfehlenswert ist es, ein Industrie 4.0-Projekt in kleinen überschaubaren Schritten zu implementieren. Abhängig von den Reifegraden der bisherigen IT-Infrastruktur ist entscheidend, mit welchem Schritt gestartet wird: Sind die Daten in der richtigen Qualität vorhanden? Muss mit der Datenanbindung oder der Integration in die betriebswirtschaftliche Prozesskette gestartet werden? Wichtig ist auch die Reihenfolge der einzelnen Schritte.

Der Blick zum Markt und Wettbewerb ist aber auch entscheidend: Was ist der sogenannte „Hunting Ground" (Belliveau 2002, S. 59), also das Marktthema, das fokussiert werden soll? Es geht darum, durch neue Ideen für Geschäftsmodelle Marktbedürfnisse zu erfüllen, die nur durch neue Industrie 4.0-Technologien ermöglicht werden.

Geeignet, eine machbare Roadmap abzuleiten, ist die **Backcasting-Methode**. Man setzt sich auf der Basis von Annahmen ein sehr sportliches Ziel für die Geschäftsmodellidee und den Zielmarkt in 2–3 Jahren. Von dort wird zurück- gerechnet, was heute geändert werden muss, um das Ziel mit bestimmten Mei- lensteinen zu erreichen. Lassen sich die Änderungen nicht durchsetzen, muss das Ziel angepasst werden. Diese Methodik eignet sich besonders für neue Ge- schäftsmodelle (Abb. 3.7).

3.7   Umsetzung

Das Neue an Industrie 4.0 ist die Kombination der Technologien, um innovati- ve Geschäftsmodelle zu unterstützen. Viele der Technologien sind lt. Hype-Cycle von Gartner noch nicht ausgereift. Deshalb sind klassische Projektansätze wie die **Wasserfall-Methodik** nicht geeignet. Bei dieser Methodik geht man schrittweise vor und schließt eine vorgehende Phase erst ab, bevor die nächste gestartet wird. So wird vor der Realisierung erst die Konzeption theoretisch abgeschlossen. Ge- rade bei Industrie 4.0-Ansätzen ist es schwierig, am Anfang die komplett neuen Prozesse, Datenmodelle und Technologieentscheidungen etc. theoretisch ohne Pra- xisbezug zu durchdenken. Bewährt hat sich deshalb die „**Prototyping-Methode**". In jeder Projektphase wird ein anfassbarer Prototyp aufgebaut.

Prototyping ist eine Methodik, bei der man möglichst schnell ein erstes lauf- fähiges Modell aufbaut, an dem dann das Konzept verfeinert wird. Idealerweise gibt es mehrere Iterationsschritte, bei denen immer die praktische Verprobung im Vordergrund steht. Ein großer Vorteil dieser Methodik ist, dass man sich an einem Prototypen-Modell viel besser in die komplexe Thematik einarbeiten und die Anforderungen viel präziser formulieren kann. Gerade für den Software- Anteil mit sehr vielen Schnittstellen bietet sich das an. Mit Hilfe dieser Metho- dik kann die Komplexität deutlich reduziert werden und das benötigte Wissen im Projekt schrittweise aufgebaut werden. So werden die Herausforderungen viel schneller erkannt und gelöst.

Management Buy-In In Industrie 4.0-Projekten ist die Unterstützung des Top-Ma- nagements oder des Inhabers besonders wichtig. Wegen der Schwierigkeit, eine Wirtschaftlichkeitsrechnung durchzuführen, ist das Sponsoring des Top-Manage-

Abb. 3.7 Beispiel-Roadmap für Service

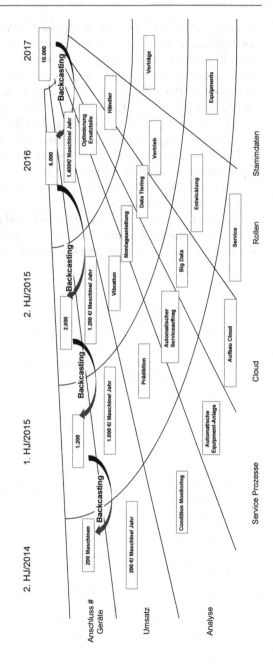

ments oder der Inhaber essentiell, um ein solches Projekt zu starten. Auch während des Projektes ist das Sponsoring entscheidend für den Projekterfolg. Gerade der technologische Weg ist oft steinig und es wird Rückschläge geben. Wenn dann das Management hinter dem Projekt steht, kann sich das Team auf die Arbeit konzentrieren und die Herausforderungen lösen. Das Management kann mögliche politische oder organisatorische Hindernisse aus dem Weg räumen.

In klassischen IT-Projekten wird häufig das **Change Management** nicht ausreichend berücksichtigt. In Industrie 4.0 müssen oft die einzelnen Abteilungen noch deutlich stärker zusammenarbeiten als in der Vergangenheit, um die entsprechenden Potentiale zu heben. **Beispiel**: Im Anwendungsfall Personalisiertes Produkt müssen Entwicklung, Produktion und Service Hand in Hand arbeiten, um die benötigte Integration aufzubauen.

Von daher ist es besonders wichtig, **Change Management** möglichst **ausreichend einzuplanen**. Technologisch ist vieles möglich. Wenn die entsprechenden organisatorischen Voraussetzungen nicht gegeben sind, wird das Projekt scheitern.

Zusammenfassung und Ausblick

Industrie 4.0 kann heute schon angewendet werden, um bestehende Geschäftsmodelle zu erweitern oder neue Geschäftsmodelle aufzusetzen. Dort entfaltet Industrie 4.0 und das Internet der Dinge das größte Potential.

© Springer Fachmedien Wiesbaden 2015
T. Kaufmann, *Geschäftsmodelle in Industrie 4.0 und dem Internet der Dinge,*
essentials, DOI 10.1007/978-3-658-10272-2

Was Sie aus diesem Essential mitnehmen können

- Erste Industrie 4.0-Anwendungsfälle sind bereits heute Realität.
- Es lohnt sich, sich auf den Weg zu machen!
- Gehen Sie Schritt für Schritt vor!
- Die Daten (Maschinen-, Sensordaten etc.) sind der Schlüssel für Industrie 4.0-Geschäftsmodelle.
- Lassen Sie sich nicht von neuen Wettbewerbern überholen, sondern packen Sie es selber an!
- Suchen Sie nicht nach Best-Practices, sondern entwickeln Sie Ihr individuelles für das Unternehmen passende Modell!

Fangen Sie jetzt mit Industrie 4.0 an, damit Ihr Unternehmen noch erfolgreicher wird!

Die beschriebenen Anwendungsfälle, Beispiele und Werkzeuge sollen Sie dabei unterstützen.

© Springer Fachmedien Wiesbaden 2015   49
T. Kaufmann, *Geschäftsmodelle in Industrie 4.0 und dem Internet der Dinge*,
essentials, DOI 10.1007/978-3-658-10272-2

Anhang

(Abb. 1, 2, 3, und 4)

© Springer Fachmedien Wiesbaden 2015
T. Kaufmann, *Geschäftsmodelle in Industrie 4.0 und dem Internet der Dinge,*
essentials, DOI 10.1007/978-3-658-10272-2

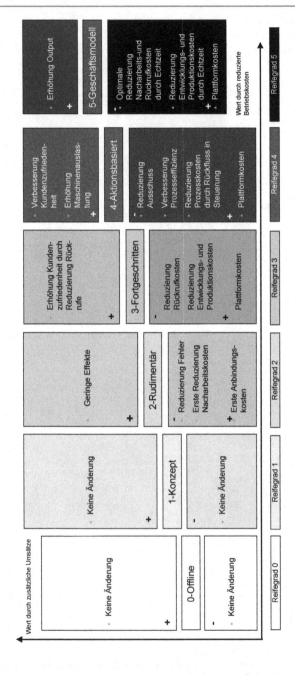

Abb. 1 Mehrwerte „Verbesserung Qualität". (Abgewandelt nach Thingworx)

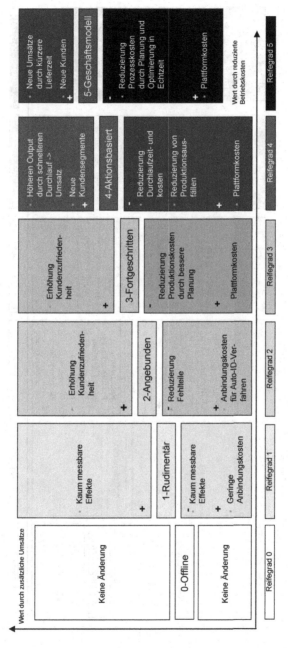

Abb. 2 Mehrwerte „Verkürzung Lieferzeit". (Abgewandelt nach Thingworx)

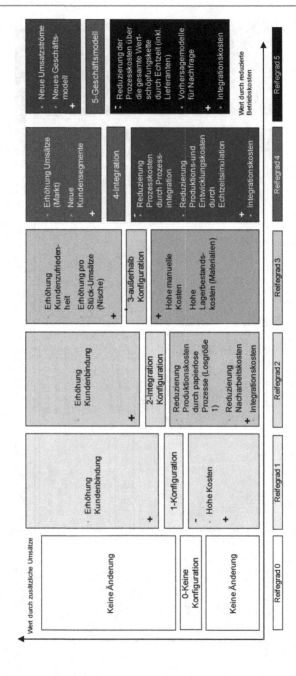

Abb. 3 Mehrwerte „Personalisiertes Produkt". (Abgewandelt nach Thingworx)

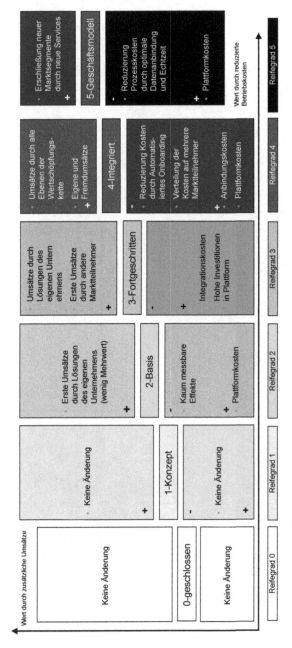

Abb. 4 Mehrwerte „Offenes Modell". (Abgewandelt nach Thingworx)

Literatur

Acatech. Smart Service Welt, Umsetzungsempfehlungen für das Zukunftsprojekt Internet-basierte Dienste der Wirtschaft. Berlin: acatech – National Academy of Science and Engineering; 2014.

Aichele D, Doleski, O. Smart Market: Vom Smart Grid zum intelligenten Energiemarkt. Wiesbaden: Springer; 2014. S. 509.

Anderson C. Makers, Das Internet der Dinge: Die nächste industrielle Revolution. München: Hanser; 2013. S. 96 ff.

Axeda. Maturity model. http://www.axeda.com/node/18. Zugegriffen: 2. Nov. 2014.

Bach N, et al. Geschäftsmodelle für Wertschöpfungsnetzwerke. Ilmenau: ilmedia; 2010.

Back A, et al. Web 2.0 und Social Media in der Unternehmenspraxis. München: Oldenbourg; 2012.

Bauernhansl T, et al. Industrie 4.0 in Produktion, Automatisierung und Logistik: Anwendung, Technologien, Migration. Wiesbaden: Springer; 2014.

Belliveau P, et al. The PDMA toolbook for new product development part 1. New York: Wiley; 2002. S. 56–61.

Bens K, et al. Eingebettete Systeme: Systemgrundlagen und Entwicklung Eingebetteter Software. Wiesbaden: Springer; 2010. S. 1–4.

Berndt R,et al. Internationales Marketing Management. Berlin: Springer; 2010. S. 253.

Boswarthick D, et al. M2M communications a system approach. Chichester: Wiley; 2012. S. 2.

Bouwman H. Mobile service innovation and business models. Berlin: Springer; 2008.

Datta S. Industrial internet and internet of things tutorial, industrial internet consortium. http://www.iiconsortium.org/TNT_508.pdf. Zugegriffen: 19. Okt. 2014.

Fischer T, et al. Service business development. Cambridge: Cambridge University Press; 2012.

Floyer D. Defining and sizing the industrial internet. http://wikibon.org/wiki/v/Defining_and_Sizing_the_Industrial_Internet. Zugegriffen: 29. Nov. 2014.

Gassmann O, et al. Geschäftsmodelle entwickeln. München: Hanser; 2013. S. 4 ff.

Gausemeier J, Plass C. Geschäftsmodellmuster für disruptive Technologien. Paderborn: Heinz-Nixdorf Institut; 2014.

Glanz A, Büsgen M. Machine-to-Machine Kommunikation. Frankfurt a. M.: Campus; 2013.

© Springer Fachmedien Wiesbaden 2015
T. Kaufmann, *Geschäftsmodelle in Industrie 4.0 und dem Internet der Dinge,*
essentials, DOI 10.1007/978-3-658-10272-2

Intel. Intel löst das Versprechen von IoT ein. www.intel.de/content/www/de/de/internet-of-things/iot-idf-2014-overview.html/. Zugegriffen: 19. Okt. 2014.

Kagermann H, et al. Geschäftsmodelle 2010: Wie CEOs Unternehmen transformieren. Frankfurt a. M.: Frankfurter Allgemeine; 2006

Kagermann H, et al. Umsetzungsempfehlungen für das Zukunftsprojekt Industrie 4.0, Abschlussbericht des Arbeitskreises Industrie 4.0. Berlin: acatech – Deutsche Akademie der Technikwissenschaften e. V.; 2013.

Kagermann H, et al. IT-driven business models: global case studies in transformation. Berlin: acatech; 2014.

Kloos U, et al. Informatics inside: Grenzen überwinden – Virtualität erweitert Realität. Reutlingen: Hochschule Reutlingen; 2011. S. 12.

Leon A. ERP demystified. New Delhi: Taat Mc Graw-Hill; 2008. S. 28.

Lindemann U, et al. Individualisierte Produkte – Komplexität beherrschen in Entwicklung und Produktion. Berlin: Springer; 2006

Local Motors. https://localmotors.com/. Zugegriffen: 24. Feb. 2015.

Osterwalder A, et al. Business model generation. New Jersey: Wiley; 2010.

Raisch S, et al. Wege zum Wachstum: Wie sie nachhaltigen Unternehmenserfolg erzielen. Wiesbaden: Gabler; 2009. S. 35 ff.

Rusnjak A. Entrepreneurial business modelling. Wiesbaden: Springer; 2014.

Strietzel T. Internet der Dinge in Maschinen- und Anlagensteuerungen, Geschäftsmodelle, Chancen und Risiken. Berlin: Wissenschaftlicher Verlag; 2013.

Thingworx. Quantifying the return on investment. http://www.informationweek.com/whitepaper/Business-Intelligence/Business-Process-Management/quantifying-the-return-on-investment-the-business-wp1420568169?articleID=200001004. Zugegriffen: 24. Feb. 2015.

Vianno M et al. Design Thinking: Innovation im Unternehmen. Berlin: Logos; 2014.

Weiner N, et al. Geschäftsmodelle im Internet der Dienste. Stuttgart: Fraunhofer; 2010. S. 21.

Wiendahl H. Auftragsmanagement der industriellen Produktion. Berlin: Springer; 2011.

Printed in the United States
By Bookmasters